I0878306

Natori Masazumi

SHŌNINKI

El arte del disimulo

El auténtico manual de los Ninja

Prefacio de Bernard Bordas

Traducido al francés y comentado
por Axel Mazuer

Traducido del francés por Miguel Portillo

editorial Kairós

Título original: SHÔNINKI, L'AUTHENTIQUE MANUEL DES NINJAS

© Éditions Albin Michel, 2009
© de la edición en castellano:
2010 by Editorial Kairós, S.A.
www.editorialkairos.com

© de la traducción del francés: Miguel Portillo
Revisión: Joaquim Martínez Piles

Primera edición: Marzo 2010
Quinta edición: Marzo 2023

ISBN: 978-84-7245-747-8
Depósito legal: B-42.463/2010

Fotocomposición: Beluga & Mleka. Barcelona. España
Diseño cubierta: Katrien van Steen
Impresión y encuadernación: Romanyà-Valls. 08786 Capellades

Todos los derechos reservados.
Cualquier forma de reproducción, distribución, comunicación pública
o transformación de esta obra sólo puede ser realizada con la autorización de sus titulares, salvo
excepción prevista por la ley.
Diríjase a CEDRO (Centro Español de Derechos Reprográficos, www.cedro.org)
si necesita algún fragmento de esta obra.

SUMARIO

PREFACIO

El *Shōninki* es el texto de referencia del Ninjutsu. En el Japón feudal sirvió incluso como señal de reconocimiento entre *shinobis* (ninjas). Por eso todos aquellos que practican o les interesa el Ninjutsu deberían contar con esta obra de referencia. No sólo la presente traducción, sin duda la referencia más segura acerca del Ninjutsu en francés, se impone como la piedra angular de toda biblioteca consagrada a las artes marciales, sino que ocupará un lugar destacado entre aquellos interesados en el antiguo Japón.

Así es, este texto, obra maestra de Natori Masazumi, maestro ninja de la escuela de Kishū, ofrece por primera vez una mirada inédita del Japón del siglo XVII a través de uno de sus actores más importantes. Más que un libro, más que un manual práctico, se trata de un testimonio procedente de un lejano pasado, de una época y de un país en los que el menor error significaba la muerte. Este libro es como un antepasado al que se le debe el más profundo respeto. Junto con el *Ninpiden*, el *Bansenshukai* y el *Ninpō Hikan*, es el padre de todas las obras sobre el Ninjutsu tradicional.

El *Shōninki* tiende al desapego, a la autoconfianza y el soltar. Como psicoterapeuta apoyo este empeño. Además fomenta el autoconocimiento y la confianza en la propia intuición, algo que no hace más que incidir en mis preocupaciones como practicante de Zen.

El lector no puede ni imaginar su suerte al tener en sus manos esta obra, que durante mucho tiempo ha sido secreta incluso en el propio Japón. Ahora, por fin, es posible acceder a esta "biblia" de los ninjas, que ha atravesado las eras y los continentes para acercarse a nuestros ojos, en nuestras manos, ofreciéndonos sus secretos milenarios. Y además, esta traducción fiel y sabia debería arrojar una luz que relegue a las sombras tantos libros mediocres como se han escrito acerca de este tema, a cargo de autores ávidos de sensacionalismo.

Por eso queremos dar nuestras más sentidas gracias a Axel Mazuer y a las Éditions Albin Michel por haber permitido que esta luz original nos ilumine, ofreciéndonos por fin acceso a las enseñanzas básicas del verdadero arte de los *shinobis*.

Que esta obra pueda, queridos lectores, descubrir en su corazón la "potente luz" (*daikōmyo*), reavivándola para que sus vidas no sean más que felicidad y éxito.

BERNARD BORDAS,
*Bujinkan shihan**

* *Shihan* significa "maestro". Se trata de un importante título en las artes marciales japonesas. La organización Bujinkan es una prestigiosa escuela de artes marciales, sobre todo de Ninjutsu, fundada y dirigida por el maestro Masaaki Hatsumi. *(N. del editor)*.

INTRODUCCIÓN
EL CONTEXTO CULTURAL Y FILOSÓFICO DEL *SHŌNINKI*

Los ninjas fueron, en el Japón feudal, agentes empleados para llevar a cabo misiones de espionaje, infiltración y guerrilla.

Las regiones de Kōga e Iga,[1]* en los alrededores del lago Biwa (véase mapa en página siguiente), son el "corazón" geográfico del Ninjutsu tradicional. Se las considera lugar de nacimiento del *ninpō*, y el nombre de las antiguas escuelas de Ninjutsu de Iga y de Kōga (*Iga-ryū* y *Kōga-ryū*) sigue gozando de fama en la actualidad. Hoy en día pertenecen a la prefectura de Mie (*Iga*) y de Shiga (*Kōga*). Geográficamente, todas estas antiguas provincias japonesas vinculadas a los ninjas están situadas en la actual región de Kansai (o Kinki).

La antigua provincia de Kishū (el nombre administrativo del Kii) estaba situada al sur de *Iga*. Corresponde a la prefectura de Wakayama (cerca de la península de Kii). La *Kishu-ryū*, de la que trata el *Shōninki*, es a veces considerada como una rama derivada de la *Iga-ryū*.

* El lector hallará las notas numeradas en la página 141.

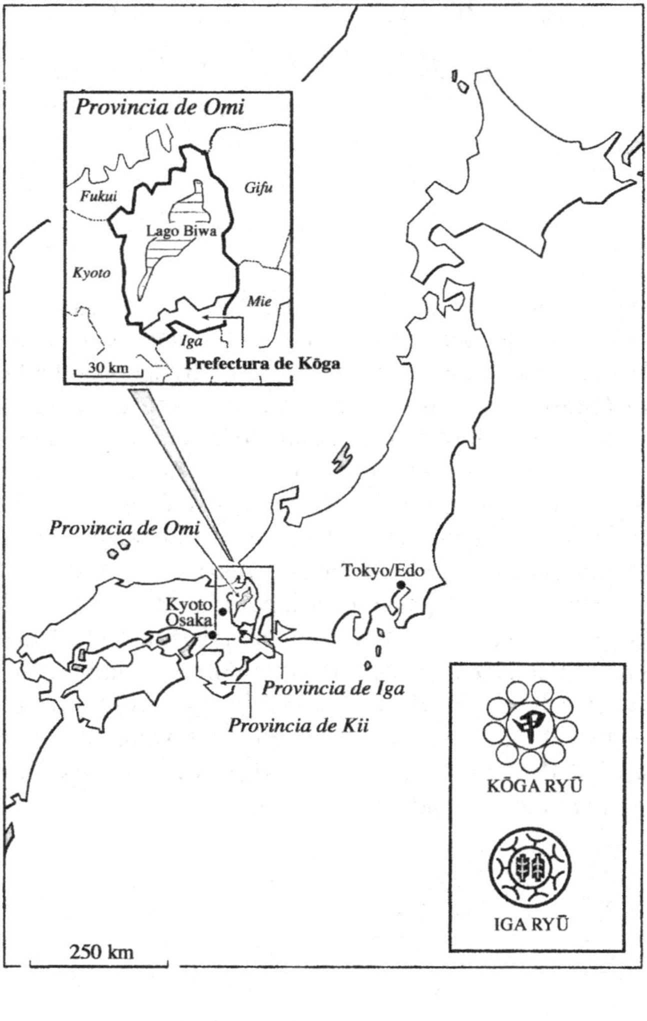
Provincia de Omi
Fukui
Gifu
Lago Biwa
Kyoto
Mie
Iga
30 km
Prefectura de Kōga
Provincia de Omi
Tokyo/Edo
Kyoto
Osaka
Provincia de Iga
Provincia de Kii
KŌGA RYŪ
IGA RYŪ
250 km

El *Shōninki* (que se traduce como "auténtica tradición ninja") es obra de Natori Masazumi, maestro ninja que dirigió, en el Japón del siglo XVII, uno de los clanes ninja más importantes, la escuela de Kishu (*Kishu-ryū*). A este respecto, este breve tratado es uno de los documentos más importantes sobre el Ninjutsu. En esta introducción nos gustaría proporcionar algunos elementos que permitan comprender las doctrinas en las que se fundamenta el discurso del *Shōninki*, así como su trasfondo histórico y cultural.

NINJA: HISTORIA DE UNA PALABRA

Los ninjas han recibido muchos nombres diferentes en función de los distintos lugares, e incluso en función de las épocas. *Shinobi* (o ninja, pues no es más que una lectura distinta de los mismos caracteres) no se utilizó más que en ciertas provincias.[2] Para designar a los espías se recurría a los términos genéricos de *mawashi-mono* (o *kanchō-no-mono*), procedente del verbo *mawasu*: "rondar", y de *saguri-no-mono*, del verbo *saguru*: "buscar, espiar, sondear".

Tal y como puede leerse en los primeros capítulos del *Shōninki*, a los ninjas también se les calificaba en ocasiones como *nusubito*, un término que designaba a los ladrones. Algo lógico, pues las actividades clandestinas de ladrones y ninjas solían solaparse muy a menudo. No obstante, *nusubito* es un término despectivo muy peyorativo, y por ello el *Shōninki* deja bien clara la diferencia entre *nusubito* y auténtico ninja, explicando que aunque puedan conducirse técnicamente como ninjas, los ladrones (los *nusubitos*), no serán auténticos ninjas. El *Shōninki* establece pues una distinción muy clara entre ninja y *nusubito*, aunque sus campos de acción se solapen en ocasiones hasta el punto en que también pueda denominarse *nusubito* al ninja. Se sobreentiende igualmente que, lejos de limitarse a una enseñanza puramente física, la práctica del Ninjutsu va acompañada de una enseñanza de fondo, filosófica, de carácter esotérico, que hace que vaya más allá de la etapa técnica...

Ninja, el nombre por el que se les conoce en la actualidad, es un término relativamente moderno, ya que no fue popularizado más que a principios del siglo XX. Antes, el nombre más corriente en uso era más bien *shinobi* (o *shinobi-no-mono*, "individuo furtivo"), que es precisamente el que se ha conservado en la traducción de este texto.

Por otra parte, el término Ninjutsu (o ninja) no es tan fácil de traducir como pudiera parecer a primera vista.

Respecto a *jutsu* (術), que significa "técnica, arte", o *ja* (者), que significa "el que..., individuo, persona" u "hombre", no existen grandes diferencias.

El que tiene diversos niveles de lectura muy distintos es el kanji *nin* (忍). A nivel básico, incluye "soportar, aguantar, sufrir, resistencia, tenacidad". Además, también puede tener el sentido de *shinobi*: "furtivo, secreto, oculto" o "invisible".

Pero descomponiendo el kanji *nin*, puede leerse que está formado por la combinación de dos caracteres diferentes: el kanji *shin* o *kokoro*, que significa "mente" o "corazón" (en el sentido simbólico de "alma, coraje, voluntad, sentimientos", etc.), situado bajo el kanji *yaiba*, que significa "hoja" (y concretamente la hoja de la espada, el sable).

忍 心 刃

Nin = *kokoro* + *yaiba*

Hay incluso quien lleva este análisis más lejos, descomponiendo el kanji *yaiba*, en *ha* 丶 (que significa "picadura"), asociado a *to* 刀 (que quiere decir "sable"), es decir, la "picadura del sable", más que su simple "hoja".

En cuanto al significado de *nin*, las interpretaciones son múltiples y diferentes, y por lo tanto, lo mismo sirve para las posibles interpretaciones del término Nin-jutsu y nin-ja.

Por definición, Nin-jutsu y nin-ja designan desde luego, el "arte de la invisibilidad" y el "individuo furtivo". Como indica el *Shōninki* en el Capítulo 3 del primer rollo, el ninja también es «el que coloca su corazón sobre la hoja de la espada», es decir, el que deberá poner en peligro su vida (sobre todo a causa de su misión), o simbólicamente el que deberá vivir con una espada de Damocles pendiendo sobre su cabeza, constantemente amenazado. Deberá ser resistente para soportar una situación así, y escapará del peligro gracias a la clandestinidad.

Pero *nin* también es «la voluntad que soporta la picadura del sable», y el Ninjutsu pasa así a ser la "vía del aguante", sea éste físico, mental o moral: saber soportar las penas y humillaciones (disfrazado de mendigo enfermo, para no despertar sospechas); saber ser paciente para permanecer oculto e inmóvil durante horas; saber sufrir, estar herido pero ocultar el dolor en el fondo del corazón, esconderlo, a fin de llevar a cabo su misión.

Pero también podría ser "el arte de la unión de la mente y el sable", o "del cuerpo y la mente". Ello nos remite al control de la mente sobre el cuerpo (el cual, muy eficaz, será la herramienta de expresión de esta voluntad pura, sin falla, dispuesta a todo a fin de triunfar en su objetivo), e indica que el Ninjutsu también puede ser, pero a su manera, una Vía (*Dō*) de búsqueda esencial de la unión cuerpo-mente, como cualquier otro arte marcial considerado noble. *Nin* hace pues referencia también a un "corazón resistente", a una voluntad paciente y tenaz, que tendría la eficacia de una hoja.

Profundizando más en ese sentido, también podría interpretarse el término Ninjutsu como «el arte de quien utiliza su mente como un arma, y que triunfa gracias a su saber, a sus conocimientos y sus ardides». Se detecta aquí una alusión a "la fuerza de voluntad", el "poder de la mente", en tanto que poderes parapsicológicos también buscados en la formación ninja. En cuanto a su aspecto esotérico, Ninjutsu podría finalmente entenderse como "el arte de la mente oculta, de los secretos del corazón", es decir, "del conocimiento oculto y secreto".

No obstante, habría que señalar que algunos grandes maestros, como en el caso del maestro Hatsumi, rechazan la identificación del Ninjutsu con un *dō*, reservando ese término a la práctica de la meditación sentada (*zazen*).

EL ORIGEN DEL NINJUTSU

Es muy probable que el origen del Ninjutsu se sitúe en China, tal y como expone el Capítulo 2 del primer rollo.

Lo que sí es cierto es que la elaboración y el desarrollo del Ninjutsu japonés se han beneficiado del aporte de conocimientos transmitidos por exilados chinos, tanto en el plano técnico como estratégico o filosófico (véase por ejemplo, más adelante, las referencias a *El arte de la guerra* [*Ping fa*] de Sun-tzu [Sun Zi] o al *Wuxing* en el *Shōninki*). En efecto, los espías ya eran familiares para los chinos, que les designaban con muchos nombres distintos, como menciona esta parte del *Shōninki*: *die* (*chō*), *diezhe* (*chōsha*), *xizuo* (*saisaku*), *youzhen* (*yūtei*), *quianzhen* (*kentei*), *jiandie* (*kanchō*), *tansi* (*tanshi*). Y además, la antigua China poseía una técnica equivalente al Ninjutsu, conocida con el nombre de *yin-sen- shu* o *fa-shu*.

También se dice que los maestros de kung-fu *wushu*, además de su formación en artes marciales "clásicas", debían conocer el *chin kung*, el arte de salvar obstáculos, a la manera de los ninjas del Japón feudal: trepar por una pared como un lagarto, caminar por la hierba (¡y por la nieve!) sin dejar huellas, etc.[3]

Además, se conocen varios equivalentes de los ninjas en el Extremo Oriente, sobre todo en Corea, donde se les conoce como *sulsa* ("caballeros de la noche") y donde su arte se denominó *eunshinbop* o *insul eunshinbop*.

El *Shōninki*, en su tipología de los cinco tipos de espías chinos de los que derivan los ninjas, recoge nociones elaboradas por Sun-tzu en *El arte de la guerra*. Esta obra, que data de alrededor del siglo -V, es probablemente el primer tratado de estrategia del mundo. Su influencia sobre el Ninjutsu resulta innegable: además del fragmento concerniente en el *Shōninki*, también podemos incluir el primer volumen del *Bansenshukai* (otro importante clásico de la tradición ninja).

El capítulo de *El arte de la guerra* que hace referencia a los agentes secretos, es el XIII (o XII, según las distintas ediciones). El *Shōninki* se inspira concretamente en este tema en los párrafos 5-11 de dicho capítulo. Este es el texto (en la traducción de Francis Wang: Flammarion, 1972):

CAPÍTULO XIII: USO DE LOS AGENTES SECRETOS[4]

1. Cuando se reclute un ejército de cien mil hombres y se lo envíe a luchar en una campaña lejana, los gastos a cargo de la población, junto a las sumas desembolsadas por el tesoro,

se elevarán a mil piezas de oro por día. Reinará una agitación constante tanto en el interior como en el exterior del país, la población se verá agotada por las exigencias de los transportes y se desorganizarán los asuntos de setecientas mil familias.

2. Quien se enfrenta al enemigo durante largos años a fin de luchar por la victoria en un combate decisivo, pero que concede a regañadientes rangos, honores y unos pocos cientos de piezas de oro, ignora la situación del enemigo y carece de toda humanidad. Un hombre así no tiene nada de general; no representa ayuda alguna para su soberano; no puede alcanzar la victoria.

3. Ahora bien, si el príncipe iluminado y el general prudente derrotan al enemigo en cada ocasión que pasan a la acción, si sus logros están por encima de lo común, es gracias a la información preliminar.

4. Lo que se denomina "informaciones preliminares" no puede obtenerse de los espíritus, ni de las divinidades, ni de la analogía con sucesos ya pasados, ni a partir de cálculos. Es necesario obtenerlas de hombres que conozcan la situación del enemigo.

5. Ahora bien, existen cinco tipos de agentes secretos que pueden utilizarse: los agentes nativos, interiores, dobles, sacrificados y volantes.

6. Cuando esos cinco tipos de agentes trabajan simultáneamente y nadie conoce la manera en que lo hacen, entonces se les llama la "madeja divina", y constituyen el tesoro de un soberano.

7. Los agentes nativos son los ciudadanos del país enemigo que empleamos.

8. Los agentes interiores son funcionarios enemigos a nuestro servicio.

9. Los agentes dobles son espías enemigos a nuestro servicio.

10. Los agentes sacrificados son aquellos de nuestros espías a los que damos deliberadamente informes falsos de todo tipo.

11. Los agentes volantes son quienes proporcionan información.

12. Entre todos los que en el ejército forman parte del séquito del comandante en jefe, no hay nadie que esté más cerca que el agente secreto. De entre todas las retribuciones, la más elevada es la de los agentes secretos. De entre todas las cuestiones, ninguna es más confidencial que las que tratan de las operaciones secretas.

13. Quien no es prudente y sensato, humano y justo, no puede utilizar agentes secretos. Y quien no es fino y sutil no puede arrancarles la verdad.

14. ¿Tema delicado? ¡Desde luego que lo es! No hay tema en el que no se utilice el espionaje.

15. Si se divulgan prematuramente los planes relativos a operaciones secretas, el agente y todos aquellos que han tenido contacto con él deberán morir.

16. En general, si lo que quieres es atacar ejércitos y villas, así como asesinar a personas, es necesario conocer el nombre del comandante de la guarnición, de los oficiales del estado mayor, de los alguaciles, de los guardias de las puertas y de los guardaespaldas. Has de dar a tus agentes la orden de que se informen detalladamente sobre la cuestión.

17. Es primordial identificar a los agentes enemigos que llegan para realizar actividades de espionaje en tu terreno y sobornarlos para que se pasen a tu servicio. Dales instrucciones y ocúpate de ellos. Así es como se reclutan y utilizan los agentes dobles.

18. Los agentes dobles son los que facilitan la recluta y el empleo de los agentes nativos e interiores.

19. De este modo es como se envía al enemigo al agente sacrificado, provisto de informes falsos.

20. También es de este modo como puede utilizarse a los agentes volantes en el momento oportuno.

21. El soberano debe tener un conocimiento absoluto de las actividades de las cinco clases de agentes. Este conocimiento debe proceder de los agentes dobles, y ésa es la razón por la que es indispensable tratarlos con extrema generosidad.

22. Antaño, el advenimiento de la dinastía Yin se debió a I Chich (Yi Zhi), que sirviera en otro tiempo a los Hsia (Xia). Los Chou (Zhou) alcanzaron el poder gracias a Lu Yu (Lu You), servidor de los Yin.

23. Por ello sólo el soberano iluminado y el general valeroso que utilizan como agentes a los elementos más inteligentes, pueden estar seguros de lograr grandes cosas. Las operaciones secretas son esenciales en la guerra; el ejército se basa en ellas para realizar todos sus movimientos.[5]

TÉCNICAS ESOTÉRICAS Y ESPIRITUALIDAD

El *Shōninki* sugiere también un vínculo entre el ninja y el *yamabushi*. También llamados *shugenja*, *genja* o *genza*, los *yamabushis* son sobre todo místicos más o menos inconformistas, que en su mayoría moraban en ermitas en las montañas, lo que les valió su nombre.[6]

Los *yamabushis* eran seguidores de las doctrinas esotéricas del budismo, como el Shingon y el Tendai, y practicantes del *shugendō* ("camino de ejercicios prácticos a fin de obtener poderes psíquicos"). La tradición popular los consideró como brujos poderosos, dotados de poderes sobrenaturales y poseedores de conocimientos ocultos. Buscaban estos poderes a través de las prácticas ascéticas, de la meditación y en ocasiones en las artes marciales. Se les solía relacionar con los *tengu* (espíritus de las montañas, medio humanos y medio cuervos), en tanto que interlocutores privilegiados de los mismos, cuando no se les consideraba pura y simplemente como tales.

Si la influencia del *shugendō* en el Ninjutsu resulta cuando menos controvertida, lo cierto es que las primeras comunidades ninjas estuvieron integradas en parte por elementos procedentes del patrimonio esotérico budista, tal y como afirma el *Shōninki*.

Caracterizado por la cohabitación original con los *yamabushis*, el Ninjutsu cuenta con una gran riqueza de elementos mágicos y de prácticas destinadas a obtener poderes psíquicos. La enseñanza esotérica de los ninjas (el *ninpō-mikkyō*) incluye en especial la práctica de mantras (pronunciación de sonidos y palabras mágicas) y de mudrās (gestos mágicos). El *Shōninki* consagra el Capítulo 5 del segundo rollo a tal efecto ("Enseñanzas secretas para perturbar a los asesinos").

Las cinco columnas de caracteres evocados por el *Shōninki* (págs. 95-96) son fórmulas mágicas. Dicho esto, algunos de los caracteres no existen en la lengua japonesa normal. Se trata de la adaptación de fórmulas mágicas chinas procedentes de la "Doctrina de los cinco elementos" y del taoísmo. Tal y como aparece indicado en este fragmento, las dos primeras fórmulas son más bien de bendición y protección, mientras que las tres restantes son fórmulas de maldición frente al enemigo.

El *Shōninki* no lo menciona, pero en buena medida, el colmo consistía en escribir dichas fórmulas mágicas con la propia sangre.

Habría que señalar que las cuatro últimas fórmulas poseen en común la expresión concluyente 急急如律令 (*kyūkyū nyo ritsuryō*), utilizada en tiempos de los Han en los documentos oficiales, así como en fórmulas mágicas taoístas, y que significa: «¡Que mis órdenes se ejecuten de inmediato!». En el Japón, los *yamabushis* utilizaron esta fórmula en ritos exorcistas, o en augurios que intentaban presagiar el resultado de una batalla, o para determinar el día más propicio para obtener la victoria. También sirvió para ahuyentar a los malos espíritus antes de la batalla.

Indiquemos de igual modo la presencia de un carácter que representa una rejilla de nueve trazos, y que remite a la cifra mágica del "9", en especial la del *ninpō kuji-goshin-hō*, un encadenamiento concreto de nueve maneras de entrelazar los dedos, cada una de ellas acompañada de un mantra específico.

También existían numerosos mudrās (gestos mágicos formados con los dedos de la mano), de diversos y variados usos: por ejemplo, al completar el entrenamiento en *ankokutōshijutsu* (técnica de visión nocturna), había un mudrā que correspondía a un sortilegio que debía permitir concretamente ver en la oscuridad. Naturalmente, reservados por definición a los iniciados ninja, todos estos elementos mágicos eran entonces «desconocidos para el común de los mortales», tal y como estipula el *Shōninki*.

También en el *Shōninki* podemos encontrar enseñanzas más específicamente budistas, incluso Zen. Así pues, en el Capítulo 8 del segundo rollo, se explica que hay que estar "vacío", es decir desinteresado, olvidándose de uno mismo, liberado del ego: «Por eso es muy importante poder dejar el ego de lado».

Un ninja podía extraer información a un adversario halagando su vanidad y su ego, y cuanto más liberado de esta debilidad estuviera él mismo, más eficaz sería.

En términos más generales, en el Ninjutsu puede hallarse lo que constituye a la vez la meta fundamental del budismo Zen y de la mayoría de las artes marciales "tradicionales": luchar contra el ego para realizar la iluminación y buscar así un estado de vaciedad interior, fuente de una eficacia superior.

LA CONTRIBUCIÓN DE LOS SABERES TRADICIONALES

El *Shōninki* también hace referencia a los saberes tradicionales como fisonomía, astrología, astronomía tradicional y la doctrina taoísta de los cinco elementos.

Los Capítulos 9 y 10 del segundo rollo del *Shōninki* están consagrados a la fisiognomía, es decir al arte de determinar la personalidad y el destino de una persona en función de las características de su rostro. La doctrina fisiognomista parece haber ejercido una gran influencia en el Japón medieval.[7]

El *Nanboku Sōbō*, una obra fisiognomista de origen chino, conoció un gran éxito en el Japón durante el período Edo, siendo ampliamente difundida. Esta obra distingue tres partes en el rostro: la parte superior, relacionada con la inteligencia y los primeros años de vida; la parte media, relacionada con los sentimientos y la edad madura, y finalmente la parte inferior, relacionada con los instintos y el final de la vida. Aunque esta distinción establecida por el *Nanboku Sōbō* no se corresponde exactamente con la del *Shōninki*, sí que parece haber influido en su redacción.

Por lo demás, el final del Capítulo 10 del *Shōninki* se modera y toma cierta distancia respecto a los preceptos de la fisiognomía: «Estas notas tienen por objeto inventariar las características de nacimiento. Por ello se han cometido errores. Aunque, por ejemplo, un rasgo pudiera parecer totalmente maligno, también puede suceder que cuente con lados buenos, y que la persona no deba ser estigmatizada a pesar de contar con rasgos de carácter malos. Predecir el bien y el mal en un individuo es empresa difícil que debe abordarse con delicadeza».

De hecho, de estos capítulos valdría la pena recordar el principio expuesto en su introducción: «Existen métodos para observar a la gente y reconocer sin asomo de duda su manera de pensar y su carácter. Se dice que el Yo escucha al corazón con atención, lo observa y que puede ser visto y leído como su imagen en un espejo. Aquél cuyo corazón no está tranquilo puede convertirse rápidamente en víctima de los demás. Por eso el *shinobi* utiliza esta técnica y puede seguir por todas partes el corazón del adversario, así como penetrarlo. Es la técnica base del *shinobi*».

Técnica fundamental que se desarrollará en profundidad en el siguiente rollo. Este corto tratado de fisiognomía, que concluye el *Chūkan*, no es más que un apunte preliminar que presenta el *Gekan*.

El "principio de los cinco elementos", del que trata este mismo *Gekan*, remite al origen del *Wu xing* chino. La expresión "*wu xing*" es la forma abreviada de *Wu zhong liu xing zhi chi*, es decir: "Los cinco tipos de *chi* dominantes en distintos momentos", y que suele traducirse de manera más sencilla como "Principio de los cinco elementos".

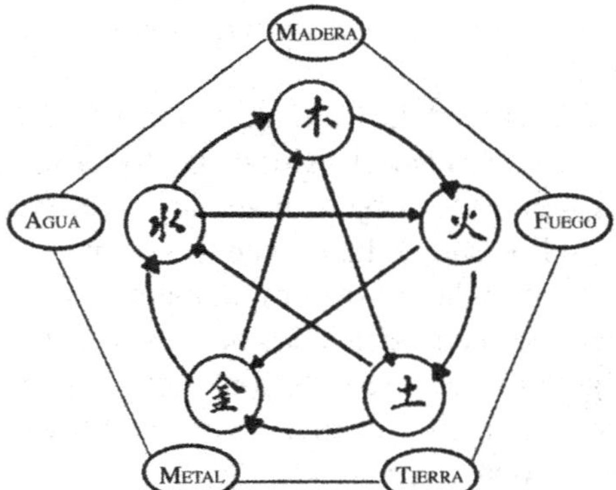

Las curvas que forman el círculo y que unen los cinco elementos entre sí representan el ciclo de generación (*in yō so sei* en japonés): la madera produce el fuego (la leña arde); el fuego produce la tierra (quedan cenizas polvorientas); la tierra produce el metal (extracción de los minerales que se forman en el terreno); el metal produce el agua (al licuarse durante la fusión); el agua produce la madera (haciendo que crezcan los árboles y la vegetación). Las líneas rectas que conforman la estrella que une los cinco elementos entre sí representan el ciclo de destrucción (o "de dominación"; *in yō sokuiko* en japonés): el agua extingue el fuego; el fuego funde el metal; el metal corta la madera; la madera recubre la tierra (creciendo en forma de árboles); la tierra absorbe el agua.

A todo ello, en el *Wu xing* chino habría que añadir un juego de correspondencias simbólicas muy ricas entre los cinco elementos y las cinco emociones fundamentales, los cinco órganos yin y los cinco órganos yang del cuerpo humano, los cinco sentidos, los cinco momentos de la vida, los cinco períodos del año (una estación más en China), los movimientos del día, los cinco animales del kung-fu del Shaolin o del *qigong* terapéutico, los sonidos, los colores, etc.

Producto del antiguo *Yi jing* (*Libro de los cambios*), el *Wu xing* se desarrolló en China a finales del siglo V. A continuación pasó al Japón, donde adoptó el nombre de *gogyō*. Paralelamente al *gogyō* producto del taoísmo chino, también el budismo elaboró su propia versión de este "principio de los cinco elementos": el *godai*, con ciertas variaciones y adaptaciones.

El *godai* budista se distingue ligeramente del *Wu xing* chino/*gogyō* en que los elementos de madera y/o metal son sustituidos por la vaciedad y/o el viento (aire), dependiendo de las variaciones. Su ciclo también comienza con el elemento tierra, contrariamente al *gogyō*, que empieza sistemáticamente con el elemento madera.

En Japón, el *godai* también sería asimilado por la rama esotérica del budismo en el siglo x, con el nombre de *gorin* (las "cinco ruedas" o los "cinco anillos").

A partir de ahí, *gogyō* y *gorin* pasan finalmente al Ninjutsu, donde el "ciclo de los cinco elementos" se convierte en un principio esencial de la enseñanza esotérica ninja (el *ninpō-mikkyō*). Ésa es la razón de la insistencia del *Shōninki*, en este fragmento, acerca de la importancia de este "principio de los cinco elementos".

De entrada, el *gorin* estructuraba todas las técnicas de combate ninja. La mayor parte de las artes marciales japonesas, y sobre todo la formación de los samuráis, se basaba en una enseñanza colectiva generalista, siguiendo la cual a los estudiantes se les encajaba una técnica de combate grupal que les resultaba desconocida. El Ninjutsu procedía a la inversa: lo ideal era que los alumnos fuesen formados individualmente, o en grupos muy pequeños, siguiendo las inclinaciones naturales de su personalidad. Por ello no existían *katas* ni programa técnico preestablecido.

Las técnicas de combate, con o sin armas, posturas de atención, movimientos, etc., se clasificaban en grandes categorías, codificadas mediante un elemento natural del *gorin*, que simbolizaba ciertas tendencias (ofensivas y "explosivas" por el fuego, defensivas y fluidas por el agua, etc.) que el ninja adoptaba en el transcurso del combate, en función de las circunstancias, de su morfología, de su estado de ánimo en el momento y del adversario al que se enfrentaba.

El aprendiz de ninja no debe pues aprender todos los movimientos de cada categoría, sino simplemente seleccionar, con el discurrir de la práctica, las defensas y movimientos que le resulten más instintivos y que mejor respondan a su naturaleza, garantizando de este modo que la elaboración y adquisición de su técnica de combate serán tan personales, íntimas y disponibles para él como su propia personalidad, y que su técnica será, por definición, siempre imprevisible pues, dependiendo del ninja, no ofrece ningún punto de referencia al adversario mediante el que identificar un estilo concreto, poniéndole difícil la elección de una técnica contraria.

De hecho, este estilo de combate ninja parece dar la impresión característica, a un observador potencial, de cierta "dinámica natural". Queda así al descubierto en este aspecto la mentalidad "libertaria" del arte ninja de los orígenes, que insiste en las individualidades, contrariamente al respeto jerárquico de casta tan característico de los samuráis, logrando que el sistema se adapte al alumno, sin obligar a éste a someterse a dicho sistema.

A nivel estratégico, el *gogyō/gorin* también sirve para clasificar las denominadas técnicas de "evasión" (*in-ton*), de camuflaje y huída, que llevan el nombre de *gotonpō*: ocultarse gracias a la tierra (*dotonjutsu*: ocultarse tras una roca, en una fosa camuflada o en una cavidad rocosa, cubrirse con una ligera capa de tierra, etc.), ocultarse mediante agua (*suitonjutsu*), ocultarse mediante fuego (*katonjutsu*: utilizar humo o cegar al enemigo gracias a una granada de humo, desencadenar un incendio como elemento de distracción, etc.) y ocultarse utilizando metal (*kintonjutsu*: crear maniobras de distracción lanzando un objeto metálico que provocará un sonido que desviará la atención de un centinela, sembrar el suelo de trampas para dificultar la progresión de un perseguidor durante una huida, utilizar diversos objetos manufacturados y cotidianos para disimularse, etc.). Ya en el *Shokan* podrá leerse, en el capítulo consagrado a las "Meditaciones sobre aves acuáticas", una alusión a este principio de adaptación e integración de los elementos para ocultarse: «Espiar significa integrarse con las cosas más variopintas y, de este modo, ocultarse hábilmente y con arte».

Finalmente, a nivel espiritual y esotérico, el *gorin* desempeñó un importante papel en las técnicas de meditación, con cada elemento representando un tipo de "energía" o estado de ánimo, o en la formación de los mudrās, esos gestos mágicos que se realizan con los dedos, en los que cada uno de los cinco dedos de la mano correspondería a un elemento (en orden, del meñique al pulgar: tierra, agua, fuego, aire y vaciedad).

Señalemos igualmente que en el *Chūkan* aparecen cinco fórmulas mágicas (en el Capítulo 5) producto de este "principio de los cinco elementos" de origen chino.

Aunque aquí nos hemos concentrado en estos diversos aspectos, ya que son poco conocidos para muchos lectores, no habría que sobrevalorar su función en el *Shōninki*. Éste trata sobre todo de las técnicas prácticas (técnicas de información, uso del material, reconocimiento del entorno), así como de los aspectos psicológicos y espirituales que forman parte del arte auténtico del Ninjutsu en la práctica de estas técnicas.

I. *SHŌNINKI JO*

El arte del *shinobi* existe desde hace mucho tiempo.

Éste es un libro que trata de las antiguas tradiciones relativas al Ninjutsu.

Se trata en realidad de un manual práctico dirigido a los estrategas militares. En efecto, expuestas en profundidad, estas estrategias son, para los expertos militares, la puerta y la llave a la vez, pues tratan tanto del ataque como de la retirada, de sus ventajas como de sus inconvenientes.

Sin duda, todo guerrero debería aprenderlas e impregnarse de estos preceptos.

Gracias a estos conocimientos también se pueden dominar las épocas peligrosas y dar la vuelta a una situación en un abrir y cerrar de ojos. Nada resultará demasiado difícil para quien utilice estas estrategias, incluso cuando sea sometido a interrogatorio por parte de otros guerreros. Podrá escapar incluso si no es un soldado especialmente distinguido, pues se apoyará en estrategas de corazón impávido.

Por ello no habría que reclutar a gente demasiado joven. Si a pesar de todo se lleva a cabo, es como prestar los propios soldados al enemigo o como dar de comer a un ladrón. Por esta razón es muy importante elegir a los nuestros con buen juicio.

Fujinoissuishi Masatake ha escrito obras secretas sobre el Ninjutsu. Si se utilizan estos métodos secretos, es posible engañar a un hábil guerrero versado en múltiples artes. También permite tanto elaborar un plan contra el enemigo como vivir como a uno le plazca. Se parecen a las estratagemas de los yamabushis, que disimulan su apariencia nocturna. La obra para la que escribo el prefacio fue finalizada y publicada bajo formas ocultas, a penas desveladas.

Yo no soy más que uno que ha prolongado una parte del camino.

Aunque el conocimiento del Ninjutsu pudiera parecer superficial y contradictorio, esto no es del todo cierto.

Además, no me parece oportuno perderme en otros discursos.

Escrito por Katsuda Saiyoshin, funcionario de la provincia de Kishu, durante el noveno año de la era Enpō, en la luna creciente de principios de otoño.*

* Es decir, en 1681, pues la era Enpō duró nueve años, de 1673 a 1681.

1. LA AUTÉNTICA TRADICIÓN NINJA DE NUESTRA ESCUELA
(*Tōryū shōninki*)

Aunque el Ninjutsu haya existido en Japón desde la antigüedad, no fue revelado a plena luz del día por primera vez más que durante la guerra de Gempei,* cuando Minamoto no Kurō Yoshitsune seleccionó guerreros valerosos a los que utilizó durante la batalla como *shinobis*.

En la época de Kemmu,** Kusunoki Masashige utilizó el Ninjutsu un número de veces incalculable.

Entre las últimas generaciones destaca Hōjō Ujiyasu,*** que ha empleado al *nusubito* Kazama**** para llegar a varios lugares en distintas provincias a fin de obtener información sobre diversas cuestiones.

* La guerra de Gempei es una importante contienda civil japonesa que duró de 1180 a 1184. Debe su nombre a la contracción de los nombres de los dos clanes enfrentados: los Minamoto (o Genji) y los Taira (o Heike), y finalizó con la victoria del clan Minamoto. Minamoto no Kurō Yoshitsune es uno de los guerreros más famosos de dicho clan; además, es famoso por haber recibido enseñanzas ninjas. También se ha demostrado que su compañero más fiel, Saitō Musashi-bō Benkei, era un *yamabōshi* ("monje guerrero").

** También "restauración de Kemmu". Este período va desde 1333 a 1336. Kusunoki Masashige fue un samurái (1294-1336) que combatió por el emperador Go-Daigo durante aquel período.

*** El señor Hōjō Ujiyasu (1515-1571), tercer representante del clan Hōjō.

**** Kazama es el nombre de Fūma Kotarō, un ninja del clan Fūma que entró al servicio del clan Hōjō. Se desconocen las fechas exactas de su nacimiento y muerte.

Takeda Shingen, de la provincia de Kai,* ha utilizado a gentes llamadas *suppas*. Éstas también eran *nasubitos* de esa provincia.

Este saber alcanzó finalmente las regiones de Kōga e Iga. Desde allí, el Ninjutsu se extendió a otras provincias, hasta llegar a ser conocido a escala nacional.

En tanto que miembros de este grupo, intercambiamos una promesa de alcance universal. Así, cuando se enviaba un *shinobi* a otras provincias, nosotros nos ayudábamos.[8]

Si voy a otra provincia, la persona que viva en esos lugares me enseñará su provincia. Si esa persona viene a mi propia provincia, yo le mostraría los secretos del lugar, y le revelaría los secretos de mi casa, empleando así las maravillosas doctrinas de este método. ¡Que se reconozca pues el valor de este arte!

No obstante, como las distintas generaciones que se encuentran no se reconocen con certeza entre ellas, en el interior de nuestra casa no hay más que una "antorcha", un "testigo".[9] Si alguien quiere demostrar su identidad no tiene más que enarbolar esa antorcha y así desaparecerán todas las dudas.

Además, el *Shōninki* es el archivo de la tradición ninja y es un secreto de familia. Como en el caso de la expansión del Ninjutsu, esta generación se convertirá en el origen de la transmisión de numerosas familias *nusubitas*.

Así es como en la actualidad se transmite la tradición ninja.

Aunque existen otras similares en otros lugares, esta tradición es el verdadero camino de un *shinobi* de nuestra escuela.

* Takeda Shingen (1521-1573), señor de las provincias de Shinano y Kai. Al igual que Hōjō Ujiyasu, fue uno de los principales señores que lucharon por obtener el control del Japón durante el siglo XVI.

2. LOS DISTINTOS TIPOS DE ESPÍAS
(*Shinobi no tsuwamono no shina*)

Existen cinco tipos de espías: el *gokan* (o *tōkan*). Quien penetra la esencia de estos diferentes tipos y quien puede actuar independientemente de ellos se llama *shinobi*.

Cuando dos o tres personas actúan juntas conformando un grupo, se les llama *sōnin*. Así pues, hay que ser prudentes frente a alguien que no sea especialista. Es preferible, incluso en el caso de guerreros competentes, dejarles operar individualmente, pues en el pasado siempre han tenido problemas para actuar en grupo.

En la actualidad también se emplea a jóvenes carentes de experiencia, en grupos de dos o tres. Pero no es satisfactorio.

Dirigir un ejército requiere una gran riqueza de conocimientos.

Los espías chinos (*gokan o tōkan*)

Se dice que los *shinobis* tienen su origen en China y que su arte fue revelado por vez primera durante el reinado del Emperador Amarillo.* En un antiguo escrito chino (*Saden*[10]),

* Se trata del emperador chino Huang Di (o Kōtei en japonés), que habría reinado entre 2697-2598 a. de C. según las *Memorias históricas* de Sima Qian. En China forma parte de los cinco emperadores míticos de la antigüedad, y se le considera el padre de la civilización china..

a los *shinobis* se les llama *chō*. Más tarde, también se les denominó *saisakus*. La tradición dice que una persona al servicio del rey de Tō se infiltró secretamente en los aposentos del rey de Jo, matándolo.* También se cuenta que Son Bu**, un servidor del rey de Wu, empleó a cinco tipos distintos de agentes para obtener información para planificar un ataque contra el enemigo.

1. Los agentes locales **(inkō no kan)**

Son gente de la región, capaces de hablar la lengua del adversario, que reúnen información escuchando atentamente las conversaciones. Se parecen a los *dakkonin* japoneses.[11]

2. Los agentes infiltrados **(nairyō no kan)**

Son funcionarios enemigos que pueden ser ganados para nuestra causa. Su labor es de gran importancia. Como estos funcionarios son empleados del enemigo, es importante dominar las cuestiones de reclutamiento y uso de falsos

* Respecto a la «persona al servicio del rey de Tō», la tradición asegura que se trataba de Yi Zhi, más conocido como Yi Yin, al servicio de Cheng Tang (el fundador de la dinastía Shang).
En cuanto al fragmento relativo al asesinato del "rey de Jo", aparentemente el autor japonés del *Shōninki* parece haberse equivocado. Históricamente, no se trata del "rey de Jo", que en este caso designa al emperador Chū (o Zhou, Zhou Xin de la dinastía Shang), sino del emperador Kestsu, es decir, de Jie, Jie Gui, el último soberano de la dinastía Ka (o Xia), asesinado en beneficio de Cheng Tang. No obstante, es interesante constatar que los dos emperadores chinos confundidos fueron famosos por su crueldad.

** Es decir, Sun Wu, que pasó a la posteridad bajo el nombre de Sun Zi, o Sun-tzu, autor de *El arte de la guerra*.

espías. En el Japón también se utiliza este método, pero siempre con discreción y prudencia.

3. Los agentes dobles (hantoku no kan)

Son agentes enemigos que se utilizan como agentes propios. Se simpatiza con estos *shinobis* enemigos y se les trata sin reparar en gastos. En el Japón también se les llama *kaerinin* o *sorinin*. Si se proporciona información falsa a una persona muy infiltrada, las propagará allá donde pueda hacerlo. Hay que tener claro que en poco tiempo se enterará todo el mundo.

La forma en que se calarán las intenciones de estos agentes sólo se transmitirá oralmente (*okuden*).

4. Los agentes sacrificados[12] (shichō no kan)

Son personas que sienten mucho agradecimiento hacia nosotros y a las que se proporcionan informes inútiles.

5. Los agentes reutilizables (tensei no kan)

Son personas que pueden introducirse sin problemas y en secreto en territorio enemigo y que siempre regresarán con información.

Estos son los cinco tipos de espías. En el Japón también se utiliza la noción de *gokan*. El principio es idéntico, sin que se utilice este término.

LOS CONTACTOS LOCALES (*KYŌDO*)

Si se necesita información sobre tal o cual lugar, se utilizará esta técnica, que consiste en hablar con la gente de la región.

Para acceder fácilmente a la información que se necesita respecto a la provincia en cuestión, lo mejor es tratar amistosamente a los habitantes locales y mantener contacto con gente común.

Además, en los territorios desconocidos, también se puede interrogar a la población de las aldeas.

Se sabe que, hace tiempo, Sasaki Saburō Moritsuna interrogó a dos hombres que vivían cerca de una bahía, a fin de que le indicasen un lugar poco profundo para vadear el río. Para agradecérselo, les dió una espada de Shirasayamaki. Esta técnica se denomina "utilizar un *kyōdo*".

Los "puestos de escucha" **(gaibun o sotogaki)**

Este método consiste en hacer recopilar información importante a gente desde fuera del territorio enemigo sin infiltrarlos. Será posible obtener informes de ese país escuchando atentamente, sin necesidad de penetrar en territorio hostil.

No obstante, es de gran importancia no fiarse de las falsas alarmas y ser capaz de juzgar bien a las personas, así como de analizar correctamente la información obtenida.

Los **ninjas** *o* **shinobi-no-mono**

El ninja es la variante japonesa del *jianzhe* (*kanja*). Un *shinobi* opera tanto de día como de noche, sin dejarse influir por las dificultades. Se parece al *nusubito*, pero un *shinobi* no roba. De tales personas que recopilan fácilmente información en lugares de difícil acceso, y que regresan sin problema de esos territorios sin vías de comunicación, se dice que son maestros en el arte del espionaje. Poseen capacidades muy desarrolladas.

Los ladrones (nusubitos)

Los *nusubitos* carecen de cualquier escrúpulo moral y no pueden distinguir el bien del mal. Son indiscretos. Por ejemplo, como aves de presa acechando la caza, desprecian los límites del sector del guarda de caza y no tienen ningún respeto por la vida cuando roban en un lugar. No debería considerárseles más que hábiles miserables.

3. LOS PRINCIPIOS SUPREMOS
(*Ichiryū no shidai*)

Dijo el maestro: «La tarea de un *shinobi* le lleva a los límites de lo tolerable y no puede soportarse más que gracias a grandes esfuerzos. Los expertos que abandonan su hogar también deben ser conscientes de que nunca volverán a ver a la gente que quieren ni a sus hijos. Quien regresa a su casa puede alegrarse de haber escapado al destino. El *shinobi* pone su corazón bajo el filo de la espada.* Aunque muchos creen que el Ninjutsu depende de la magia, es una creencia que no se corresponde con la realidad. El Ninjutsu es un arte práctico y no materia de charlatanes».

Pregunta el discípulo a continuación: «Si se escucha soplar al viento, se comprende que el arte del *shinobi* permite atravesar provincias inaccesibles y traspasar fronteras y aduanas infranqueables. Se dice que padres y hermanos dejan de reconocer a sus propios parientes *shinobis*. Por ejemplo, cuando un hombre está convencido de tener a alguien frente a sí, pero de repente siente que hay alguien detrás y se da la vuelta para comprobar si efectivamente hay alguien, y la forma vuelve a desaparecer, ¿no podría compararse el uso de este arte con un rarísimo misterio o con misteriosas relaciones vinculadas con ninguna otra tradición? ¿No es éste el arte de aproximarse a la gente y dar la impresión de modestia a fin de reunir información?».

* Véase introducción, pág.15.

Respondió el maestro: «Si se sigue un principio grosero o un arte poco refinado, sin duda se cometerán errores. Pero el camino justo es maravilloso. Hay momentos en los que un *shinobi* reconoce la realidad con su corazón, envolviéndola en un disfraz de ilusión,* y la presenta como realidad. Un *shinobi* experimentado reconocerá cuándo el adversario utiliza el mismo principio y sabrá diferenciar la realidad de la ilusión.

En caso de necesidad, el *shinobi* también podrá hablar la lengua de una provincia, entusiasmarse con la calidad de vida de un lugar, hacer amistades entre los habitantes de un lugar extraño, obtener objetos sin gastar mucho, conseguir de qué comer, y beber sin emborracharse. Asimismo, el arte del *shinobi* consiste en aprender artificios que pudieran utilizarse en momentos críticos, como disfrazarse de sacerdote, de monje errabundo, de mujer o de campesina y, oculto en la noche, dedicarse al espionaje. No es necesario utilizar albergues, sino que puede dormir a campo abierto, y tampoco hay que dejarse asustar por los animales en celo. También ha de huir a lo más profundo del bosque aprovechando la claridad de la maravillosa luz de la luna. De ahí esa cierta tristeza que siente el *shinobi*, pero que no debe revelar a nadie. En todas estas circunstancias no hay nada de extraordinario, y cualquiera de ellos a quien la gente común hace preguntas al respecto, responde que él es así y no de otro modo. Pero eso también forma parte de la estrategia de un *shinobi*.

La ilusión convertida en realidad pertenece a lo real. Un *shinobi* debe lograr su objetivo a cambio de duros esfuerzos, y si a veces se extravía en el camino o si el deber ciega su corazón, no por ello debe jamás olvidar el principio de nuestra escuela».

* Ilusión traduce en este capítulo la expresión "irrealidad".

II. *SHŌNINKI SHOKAN*

PRIMER ROLLO

4. PREPARARSE PARA ACTIVIDADES CLANDESTINAS (*Shinobu detachi no narai*)

El fundamento de las actividades clandestinas es poder escapar a las miradas ajenas. Con este fin existen diversos medios para ocultar la verdadera identidad cuando uno se encuentra frente al enemigo. En otro tiempo, los espías astutos podían incluso ocultar su identidad a los miembros de su propia familia, a su padre y a sus hijos, sin hablar de sus parientes lejanos. Existen básicamente seis instrumentos diferentes al servicio de las actividades clandestinas: un sombrero de paja (*amigasa*), una cuerda con un gancho (*kaginawa*), piedras para cincelar (*sekibitsu*), medicamentos (*kusuri*), un retal de tela (*san shaku tenugi*) y material para hacer fuego (*tsuketake*)

Gracias al *amigasa* uno puede ocultar el rostro y transformar la silueta. Bajo un *él* es fácil observar a la gente.

El *kaginawa** se utiliza para trepar por lugares elevados, o para descender en rappel. Se le puede usar para atar a alguien,

* El *kaginawa* designa un arpeo en su forma más simple: una cuerda (*nawa*) en cuyo extremo lleva un garfio (*kagi*).
Según el *Shōninki*, el *kaginawa* poseía múltiples usos. Como la mayoría de los instrumentos ninjas, era a la vez herramienta y arma, pero también podía tener otros muchos útiles: para acercar y abordar una nave en el transcurso de una operación acuática (técnica heredada de la piratería), cazar una presa pequeña,

bloquear una puerta y para otras muchas cosas. En nuestra escuela, el uso del *kaginawa* en las actividades clandestinas es un tema secreto. También se usa para ensillar una silla (*kurakatame*).

Los detalles acerca del uso de los objetos se transmiten secretamente (*okuden*).

El *sekibitsu* es una piedra para escribir, sobre arcilla roja o negra, que sirve para escribir notas y comentarios; y el *kusuri** es una medicina.

Había que llevarlo encima para asegurarse de poder llevar a cabo operaciones clandestinas al atravesar un lugar importante.

El *san shaku tenugi*** es un retal de tela empleado para ocultar el rostro o confeccionar una banda frontal (*hachimaki*). También se utiliza como cinturón o para escalar muros. Tiene numerosos usos. Por lo general suele llevarse por debajo del cinturón. No obstante, en nuestra escuela nosotros lo doblamos e insertamos en el reverso del cuello.

También podéis plegarlo y meterlo en una prenda ligera

---

pescar, etc. ¿Resulta pues extraño que desde entonces su uso se haya convertido en un "tema secreto" para una escuela de Ninjutsu?

* En cierto modo era el "botiquín de primeros auxilios" ninja, en forma de *kesuribin*, un botecito o canuto de bambú tapado, que servía para transportar sustancias farmacéuticas. Podía contener píldoras nutritivas, remedios de la farmacopea y a veces incluso veneno.

** Tal y como indica su nombre, este retal de tela tenía un longitud de 3 (*san*) *shaku*. Un shaku es una antigua medida de longitud japonesa que corresponde a 30,3036 centímetros (es decir, el equivalente de nuestro "pie" occidental). El *tenugi* medía pues casi 1 metro (90 centímetros) de longitud. En un principio era de hecho una manera tradicional de cubrirse la cabeza. Su uso principal era desde luego cubrirse la cabeza y la figura de manera que disimulase el rostro del ninja. Pero el *tenugi* podía tener otros muchos usos distintos: atar o amordazar a un enemigo, filtrar agua sucia antes de beberla, echársela por encima como capa contra el frío, para amortiguar el ruido de los propios pasos extendiéndolo por delante de uno antes de pisar, etc.

de verano (*katabira*), pero hay que estar atento para que no se nos caiga.

El *tsuketake* se utiliza para hacer fuego. También va muy bien para obtener un *kairo*.* Igualmente puede utilizarse para hacer fuego en la noche o iluminar el camino. Según cuál sea la necesidad, también puede servir para iniciar un incendio criminal o prender fuego a los campos.

Además, los hábitos deberán ser de color pardo, negro o azul oscuro. El entorno adopta los aspectos más diversos y por ese motivo se elegirá el color que convenga. Indumentaria como un manto de lluvia (*ama-baori*) o una capa (*kappa*) permite modificar hábilmente la propia apariencia. Cuando se llevan a cabo misiones secretas, es conveniente llevar un sable corto (*wakizashi*). También se puede oscurecer un poco la piel con tinta. El cinturón es negro y no debe tener puntos perdidos. Se le llama *waobi*. En caso de tener que utilizarlo, es especialmente eficaz para llevar a cabo un ataque rápido.

Hay siete maneras de disfrazarse (*shishibō no kato*):

1) de monje itinerante (*komusō***), para llevar el *amigasa*;

2) de monje budista (*shukke*), para acercarse a la gente;

3) de asceta de las montañas (*yamabushi*), para acercarse a la gente y llevar una *katana* o un *wakizashi*;***

4) de mercader (*akindo*), a fin de mantenerse tranquilamente en contacto con la gente;

* El *kairo* era una especie de bolsita portátil que produce calor.

** Los *komusō* son monjes itinerantes de la secta Fuke, una rama del Zen. Esta secta estaba reservada a los *bushis* (guerreros) venidos a menos. Por esa razón no estaban obligados a rasurarse el cráneo y también tenían derecho a portar un sable. Otras de sus características más importantes era llevar un amplio sombrero de paja que les ocultaba el rostro, como subraya este pasaje del *Shōninki*.

*** La *katana* es un sable de hoja alargada (más de 60 centímetros), el más utilizado por los samuráis (en ese caso se denomina, más precisamente, *uchi-gatana* o *daitō*), mientras que el *wakizashi* es un conjunto de sables de hoja corta (entre 30-

5) de actor itinerante (*hōkashi*), para mezclarse con la multitud;

6) de saltimbanqui (*sarugaku*), por las mismas razones del anterior;

7) de apariencia normal[13] (*tsune kata*), adoptando un aspecto banal para así adoptar cualquier otro dependiendo de la situación.

Un *shinobi* debe estar bien preparado a fin de poder disfrazarse en función de las circunstancias, tal y como acabamos de decir.[14] Es indispensable conocerse uno mismo, estudiar el lugar en el que hay que permanecer y ocultarse con ánimo sereno.

En la tradición del Kishū-Ryū (*kishū no tsutae*) se dice que existen cinco cosas agradables:

1. *Bijō binan*: mujeres hermosas y hombres guapos;
2. *Denoku daisha*: palacios suntuosos y moradas caras;
3. *Kansho ganshui*: lugares tranquilos y ventilados;
4. *Denraku kabu*: espectáculos y actuaciones artísticas;
5. *Bunpitsu gâko*: artes y literaturas.

Quien es seducido por las mujeres hermosas, los hombres guapos, los lugares tranquilos, los palacios suntuosos, los ríos impresionantes, los artistas y las obras de arte, también puede renunciar a ellos. Aprende estas cinco cosas, cómo aprovecharlas, y no habrá enemigo que no puedas vencer.

No, no lo habrá.

Existen diez grandes métodos para ocultarse y espiar (*kohō jūnin no narai*):

---

60 centímetros) o, si se prefiere, un gran puñal, que solía ser el preferido de los ninjas. Durante el período Edo (1600-1868), sólo los samuráis tenían derecho a ir armados. Los viajeros civiles estaban autorizados a llevar el *wakizashi* para su protección en el camino. Los *yakuzas* (forajidos organizados en hermandad o milicia) prefieren el *wakizashi* más largo, el más parecido a la *uchi-gatana*.

1. *Onsei nin*: el arte de ocultarse gracias al alboroto, por ejemplo de la música o cuando un caballo con ronzal relincha mordiendo el bocado;

2. *Jun nin*: seguir a la gente con naturalidad, sin romper nada;

3. *Museihō nin*: durante las épocas agitadas, es importante estar dispuesto a sacrificarlo todo. Cuando aparece una sensación de derrota y, en esta situación sin salida, el enemigo queda cegado por la piedad o sacudido por cualquier otra cuestión, aparece ante ti una oportunidad para escapar;

4. *Nyogen nin*: a la menor ocasión que aparezca, debe reconocerse el Principio de inmediato y aprovecharlo para obtener ventaja sobre el enemigo;

5. *Nyoei nin*: no separarse bajo ningún pretexto de la gente y mantenerse firme teniendo claro el objetivo;

6. *Nyoen nin*: durante los instantes en que la gente sea imprudente o negligente, penetrar en su casa o en su corazón;

7. *Nyomu nin*: ser capaz de evaluar a los individuos;

8. *Nyokyō nin*: examinar el territorio enemigo y adaptarse;

9. *Nyoka nin*: estudiar a fondo al enemigo y conocer los recovecos más íntimos de su corazón. En esta circunstancia, para no comportarse de manera sospechosa, es necesario actuar con naturalidad o utilizando un disfraz;

10. *Nyokū nin*: si el adversario descubre que está siendo espiado, todo esfuerzo para convencerle será vano. Por ello, es importante no dejar pistas al espiar.

Estos diez principios básicos deben aprenderse, pues están contenidos de principio a fin en el conjunto del *Shōninki*. Podrían considerarse como la piedra angular: deben constituir el objeto del estudio. Por detrás de estos principios básicos se ocultan elevados principios espirituales de una inestimable profundidad. El conocimiento de estos principios no debe revelarse a nadie.

5. LO QUE HAY QUE SABER SOBRE LOS SENDEROS DE MONTAÑA DESCONOCIDOS
(*Shiranu sanro no narai*)

Si un *shinobi* se encuentra recorriendo caminos desconocidos en la montaña o en un bosque y no puede preguntar a nadie, debe proseguir su camino y enterrar en sí la dificultad y la duda. En los profundos bosques de las montañas el día acaba rápidamente y entonces resulta imposible avanzar. Es necesario descansar para ahorrar tiempo y hacer un alto. Cuando llega a una bifurcación, puede elegir entre distintos caminos, y empieza a dudar y preocuparse. Se recita entonces una antigua poesía. Se cuentan los *kanjis* de dicha poesía. Si su número es impar, se irá a la derecha. Así es posible liberarse de la duda y determinar la dirección.

¿De qué modo hay que entender esto?

Sin que intervenga el inconsciente, es necesario confiar en la naturaleza y en el camino que conduce al cielo. De este modo, un *shinobi* nunca se queda inmovilizado y por ello resultan posibles cosas increíbles.

Reconocer el buen camino significa investigar el camino tomado por seres humanos. ¿Hay huellas de sandalias, del paso de caballos o de vacas? ¿Cuál es el estado del terreno pisado por la gente, de la hierba y los árboles? Los caminos utilizados por los seres humanos están pisoteados y deteriorados. Sea cual sea la longitud del camino, se estrecha cuando no es utilizado por los seres humanos. El color de las hierbas y los árboles pueden ofrecer indicios acerca de los caminos frecuentados por los seres humanos. Quien puede distinguir plantas acabadas de cortar de las que no lo son desde hace tiempo es capaz de reconocer así la proximidad de una aldea. En los caminos frecuentados cotidianamente, la hierba está pisoteada y señala que hay una aldea cerca. Los pájaros y otros animales conocen muy bien los caminos de los seres humanos y los rehuyen. En los senderos nevados se seguirán las huellas dejadas por seres humanos o caballos. No hay que fijarse ni en el aire ni en la nieve que cae. Si el camino aparece cubierto de nieve hasta hacerlo irreconocible, hay que dejar que el caballo pase por delante, siguiendo el adagio que dice que «caballo viejo conoce el camino». Si las huellas sobre un camino resultan irreconocibles a causa de la nieve, se hinca el bastón de andar, y si la nieve se ha acumulado sobre un terreno duro, se sabe que está endurecido a fuerza de haber sido aplastado; si no, es que uno se ha apartado del camino. En caso de marchas por caminos de montaña nevados, el *shinobi* debe ir por la cresta, pues en los caminos escarpados y en pendiente, la nieve resbala con facilidad hacia abajo. Si el avance se realiza por caminos totalmente desconocidos, hay que mandar al caballo como explorador.

Para señalar el camino recorrido, se emplea la técnica de "hierba atada" mediante la que uno recuerda sus huellas. También hay que utilizar las señales dejadas anteriormente, las referencias naturales, o uno se orienta según los rastros dejados. Quien se da cuenta de que sigue una pista falsa debe encontrar la buena lo antes posible y seguirla.

Cuando nieva y hace mucho frío es necesario emplear un *kairo*.[15] Este *kairo* no sólo se usa para protegerse del frío, sino que también puede utilizarse para otros fines en cualquier momento.

Se puede construir de varias maneras: en un tubo de 5 o 6 *suns** de longitud y un diámetro de entre 4 y cinco *suns*, se abren primero unas ranuras estrechas a los lados. En la base se pueden colocar, si se quiere, blasones o emblemas que dejen pasar la luz. En el interior, se puede meter una tela mojada en agua o incluso un retal de lana arrugada. Una delgada barra metálica hará los oficios de eje alrededor del que enrollar la tela. A continuación se retira la barra para utilizar un tubo más grande. Luego se introduce un líquido inflamable y el cuerpo carbonizado de un animal,** metiendo un papel para recubrirlo todo. En el extremo se practica una abertura para dejar que pase el fuego. Es exactamente lo mismo que se hace con el papel que se extrae de la corteza de cedro. Cuando se ha envuelto todo también se puede añadir una mezcla que mantenga el fuego encendido durante más tiempo. Para emplear estos distintos medios, se seguirán escrupulosamente consejos contrastados.

Se desarrollan métodos para permitir prolongar la acción del fuego todo lo posible. En un principio se metían papeles y otras cosas que se añadían a mezclas extraídas de frutos de palosanto o de berenjenas, y se mezclaban con magnolia grisácea (*hō*), brotes jóvenes de hierba amarga de al menos un año de edad (*inutade*), huesos de palosanto o trozos de madera. Finalmente, esa mezcla se introducía en el *kairo*

* El *sun* es una antigua unidad de longitud japonesa que corresponde a 3,033036 centímetros. Un *kairo* era pues un cilindro que medía alrededor de 15-18 centímetros de longitud, con un diámetro de 12-15 centímetros. Véase también nota de pág. 89.

** El animal en cuestión solía ser una salamandra de agua. A su cuerpo, previamente asado, se le atribuían propiedades curativas.

y se dejaba carbonizar. El *kairo* se metía entonces en el bolsillo del pecho. Con el carbón de la *inutade* se podía conservar el calor durante todo un día.

6. CAMINAR DE NOCHE
(*Yomichi no koto*)

Aunque resulte mucho más fácil caminando de noche que de día, hay que tener en cuenta que, en esas circunstancias, las gentes se tornan más desconfiadas. Por ello es necesario evitar conducirse de forma visible. Cuando un *shinobi* deja de reconocer su camino en la oscuridad, debe sentarse y contemplar el cielo y observar las estrellas entre las nubes. Mediante esta observación puede entonces reconocer su camino.

Los caminos frecuentados por los seres humanos tienen un alto contenido en sal, algo que puede comprobarse con la lengua.

Cuando un camino discurre junto a vallas, es fácil equivocarse y confundir los listones de las mismas con seres humanos. En cambio, fijándose de cerca, el *shinobi* verá que las empalizadas se han levantado con regularidad y que en cambio los seres humanos nunca aparecen con tanta regularidad. Si no obstante se sigue dudando de si se trata de un arbusto, un árbol o una persona, se debe saber que un hombre acabará moviéndose tarde o temprano.

Es preciso sentarse en el suelo y observar el objeto con calma durante un instante; y si se tratase de una persona, ésta intentará no moverse pero, a la larga, acabará haciéndolo...

Quien percibe una luz en la noche se sienta y la observa. La luz que lleva alguien que se aleja va disminuyendo y la que se acerca aumenta. Naturalmente, el *shinobi* siempre puede deslizarse a derecha o izquierda.

Si la luz individual la lleva un servidor experimentado, debe marchar siguiendo una línea recta. Si llegan jóvenes a su encuentro, se volverá la luz en la dirección opuesta a la de los recién llegados. Se trata de una estrategia para caminar a la sombra de otras personas. En caso de encuentro con un enemigo, uno se vuelve de golpe con la antorcha en su dirección y se le rodea para llegar a su espalda.

Si se prende luz en casas oscuras, debe hacerse con la máxima prudencia, y en ningún caso debe actuarse sin reflexionar. Encender una luz frente a uno mismo implica cegarse y dejar de ver. Un *shinobi* prende la llama a la sombra de su propio cuerpo a fin de que la luz emane de él.

Al caminar de noche por senderos iluminados por la luna, se andará por su sombra. Al cruzarse con personas indeseables, es conveniente ocultar el rostro entre las manos y también desaparecer.

Por la noche se evitará hacer ruido con las *zōri*.* La tradición dice que no hay que arrastrar los pies, no sólo por ser incorrecto, sino también por el ruido que se produce al andar, y el peligro de acabar siendo visto. Pero como el adversario también conoce las *zōri*, el *shinobi* utiliza la estrategia del "cambio de calzado", produciendo diversos ruidos al andar.

* Las *zorî* son una especie de chancletas de paja japonesas (diferentes de las *waraji*, las sandalias de cuerda de paja). El ninja podía cambiar el calzado tanto para emitir ruidos diferentes y confundir al adversario, o bien caminar silenciosamente o para dejar huellas falsas a su paso, según las sandalias utilizadas, que llevaban dibujos especiales en las plantas a fin de dejar las huellas deseadas: patas de animales, pies de hombre grande o pequeño, etc.

Pueden distinguirse distintos tipos de pasos: el paso furtivo (*nuki-ashi*), el paso arrastrado (*suri-ashi*), el paso apretado (*shime-ashi*), el paso volante (*tobi-ashi*), el paso único (*kata-ashi*), el paso grande (*ō-ashi*), el pasito (*ko-ashi*), el pasito mínimo (*kizami-ashi*), el paso rápido (*wari-ashi*) y el paso normal (*tsune no ashi*). Ésas son las diez formas de caminar[16] (*ashi nami jukka jō*).

7. PENETRAR EN LAS CASAS ENEMIGAS
(*Kinjuku tori hairu narai*)

A pesar de la sensación de malestar que el *shinobi* pudiera experimentar al penetrar en casas ya conocidas o bien en jardines desconocidos contiguos a habitaciones, sin hablar de las del enemigo, este género de operaciones no deja por ello de ser uno de sus principales deberes.

Aunque la gente desconfía más o menos de las personas dependiendo de la provincia o el lugar, el *shinobi* pasará varias veces y durante un tiempo sin hacerse notasr, a fin de reconocer el lugar. Cuando sea el momento oportuno, fingirá ponerse enfermo frente al portal de la casa a investigar, o descansará, dando la impresión de ser alguien débil, pidiendo medicamentos, agua caliente o agua para beber. Las enfermedades que puede aprovechar son los dolores de estómago causados por lombrices,[17] insolación, un apretón intestinal, un infarto o una diarrea. No es aconsejable simular ebriedad. Tras obtener el agua caliente y dar la impresión de mejorar, es necesario aprovechar la ocasión para hacerse conducir al interior de la morada, conocer al señor de la casa y presentarle sus respetos, para a continuación dejar el lugar.

Se regresará más tarde con un regalo, se expresará de manera educada la más profunda gratitud y se le entregará una misiva de agradecimiento. Al hacerlo se creará una cercanía.

Quien entra en relación con los habitantes de la casa elegirá primero a los niños, con los que establecerá relaciones de amistad. Si se les ofrecen regalos es conveniente, al principio, hacerlo secretamente. Con el paso del tiempo se pueden hacer extensivos a personas que se aprecie entre los funcionarios, y habrá que ir con cuidado para no hacer diferencias entre hombres y mujeres. Eso agradará ciertamente al señor de la casa y tal vez dirija la palabra a alguien. Así es como se puede reunir información.

Hay un proverbio que dice:

> «El metal intenta integrarse con el fuego.
> Los hombres intentan ajustarse a lo que dicen.
> El pico de un ruiseñor no come nada de la flor,
> pues no hace sino deleitarse con su delicado aroma».

A fin de conocer los relieves topográficos de un lugar, el *shinobi* debe poder observarlo a una distancia apropiada a fin de evaluarlos. Para contar el número de hogares de un lugar, debe llenar sus dos mangas con cierto número de alubias o piedrecitas, dejando caer una al pasar frente a la entrada de cada casa. Como las casas habitadas se cuentan con la manga derecha y las dependencias vacías con la izquierda, al regresar y contando las piedras restantes se sabe cuántas casas están habitadas y cuántas vacías.

Para contar el número de individuos que integran un grupo de soldados, se aplicará el mismo principio y, de esta manera, se podrá distinguir entre infantes, caballeros y lanceros. Según el número de cada categoría, se mete el número correspondiente de piedras o de alubias en las mangas. En ciertos lugares también se puede percibir la diferencia con los caballos en los caminos estrechos, en puentes o a lo largo de casas.

En los territorios que deben reconocerse hay que mezclarse con los funcionarios o hacerse pasar por mercader, y permanecer dos o tres días en el mismo lugar. Es posible que, dependiendo de las circunstancias, no se pueda contar, pero no obstante es importante no perder de vista el objetivo. Para obtener las informaciones correspondientes hay que estar en buenos términos con los funcionarios, fingiendo ignorancia, al tiempo que se les hacen regalos. Los informes son abundantes y están disponibles en los puestos de los subalternos, pues aunque los funcionarios deseen complacer a los jefes, no reciben a cambio más que desprecio. Es algo que forma parte de la naturaleza de los superiores jerárquicos.

8. LAS ENSEÑANZAS DE LOBOS Y ZORROS (*Korō no michi no narai*)

Zorros y lobos son animales muy astutos; se dice que el zorro puede confundir al ser humano y que el lobo lee en el alma del hombre. Recorren caminos impracticables y pueden resolver los problemas más difíciles de manera increíble. Aunque estas técnicas sean verdaderamente raras, resulta muy útil estudiarlas.

A lo largo del recorrido de las rutas oficiales en terreno enemigo, se corre el peligro de ir a parar a puestos de control. Un *shinobi* no debe en ningún caso emprender esos caminos. Debe emplear la técnica de lobos y zorros, y apartarse de los caminos principales, utilizando otros secundarios. Se utilizarán los caminos usados por los nativos del lugar y que estén situados a una distancia de al menos dos o tres *ris** de los puestos de control. Para poder utilizarlos es necesario dar con un buen pretexto y, según la situación y el objetivo, puede hacerse necesario disfrazarse de sacerdote, de monje de la montaña o de mercader.

En principio, es preferible que un *shinobi* viaje solo, pues así podrá ir adonde le plazca, pero cuando se disfrace de monje itinerante también pueden acompañarle dos o tres

* El *ri* es una antigua unidad de longitud japonesa equivalente a 3,972 kilómetros. Así pues, dos o tres *ris* equivalen a 8-12 kilómetros.

shinobis más. Uno de ellos debe ser experto en lenguas (*dakkō no shinobi*), capaz de hablar los distintos dialectos de las 60 regiones, así como de tomar apuntes de los lugares y sitios importantes visitados. Pero quien actúa forzado pierde el favor del Cielo. Las técnicas de tales expertos no son transmitidas a sus descendientes. Y de la misma manera en que es fácil descubrir rápidamente los huevos de las palomas, también estos expertos se convierten en víctimas.

Hay que mantener esto en vuestra mente y reflexionar al respecto.

9. LAS ENSEÑANZAS DE BUEYES Y CABALLOS (*Gyūba no tsutae no koto*)

Esta estrategia es la opuesta a la de lobos y zorros, en la medida en que bueyes y caballos se mueven abiertamente entre los seres humanos.

Si un general quiere enviar mensajeros a territorio enemigo, elegirá a *shinobis* que se hagan pasar por miembros del pueblo a fin de llegar al territorio en cuestión.

Otra posibilidad consiste en que un *shinobi* pueda encontrar a un mensajero de la provincia en sí en un momento determinado, haciéndose acompañar por él en territorio enemigo.

Eso corresponde exactamente a la manera en que vacas y caballos son conducidos por sus amos, y por ello esta estrategia toma ese nombre.

Para consagrarse a la obtención de información a veces, según las circunstancias, es necesario residir en el país contrario.

Se dejará en manos del *shinobi* el hallar una buena razón para ello: puede establecer relaciones con las gentes, fingir una enfermedad, desposar a una mujer y hablar mal de su propio país, elogiando al país enemigo, haciéndose así pasar por traidor a su patria.

10. REUNIR INFORMACIÓN EN TEMPLOS Y SANTUARIOS (*Gūji keimon no koto*)

Para conocer ciertos territorios se visitarán sus templos y santuarios,[18] y en esa ocasión se distribuirán generosamente dinero y regalos.

Si uno se presenta como un individuo sencillo, puede ser que suscite cierta desconfianza, pero si se llega como sacerdote o aldeano, la duda desaparecerá. Si se reparte dinero y por ello se nos invita a comer, hay que aprovechar y hacer las preguntas deseadas al amparo de un vaso de alcohol.

Si se dice que en la provincia se fomentan las conjuras, también se puede obtener información de los sacerdotes y las prédicas en templos y santuarios.

Si se habla de conjuras con el sumo sacerdote y éste se jacta del increíble poder y las particularidades de los dioses, se puede continuar soltándole la lengua con un donativo.

Éste es el principio en que se basa la recopilación de información en templos y santuarios, y en consecuencia hay que trazar planes al respecto.

Para obtener información sobre las provincias también es posible visitar los burdeles, los baños, el distrito de las diversiones y las casas de juego.

11. DISCUSIÓN SOBRE LOS CAMBIOS DE APARIENCIA
(*Henge no ron*)

La gente asegura que los zorros y los *tanuki* cambian de forma para engañar la mirada de los seres humanos[19] y que incluso viven entre éstos. A nosotros, seres humanos, no nos es posible cambiar de forma. Si se utiliza con habilidad un disfraz, hay que asegurarse de engañar a la gente mientras nos vean. Aunque se nos ha transmitido un enorme número de subterfugios, que deberían funcionar eficazmente, es muy importante permanecer atento, vigilante. Es una técnica que hay que estudiar a fondo y en serio.

En el transcurso de una misión hay que llevar una larga *ama-baori*, una capa o algo parecido para poder cambiar de aspecto.

Hay que cambiar el perfil de las cejas, los dientes deben untarse de color metálico, hay que modificar el mentón, oscurecer el rostro y alborotar el cabello.

Existen tres mezclas de color con las que teñirse el rostro.

Se mezcla una tinta clara con cinabrio rojo, y en un color blanco claro se mezclan trocitos de corcho, de cinabrio o de índigo.

El secreto de un disfraz logrado mediante pintura depende de la combinación de colores y del aspecto inmediato. Se evitarán las mezclas inconvenientes. Además se podría llevar barba. Quien se disfraza sin convicción y sin haber cambiado suficientemente su aspecto no tardará en ser desenmascarado. Se designa con el término de "falsa enfermedad" (*kyobyō*) el hecho de hacerse pasar por un enfermo. Para ello no hay que dormir, se utiliza moxa*, se deja crecer el cabello y no se cortan las uñas de los dedos de pies y manos, no hay que lavarse y se vestirá ropa descuidada y sucia, poniéndose una venda en la frente.

Como son muchos los momentos y las situaciones a los que pudiera tener que hacerse frente, es muy importante adaptarse.

* "Moxa" es una palabra que proviene de la japonesa *mogusa*, que a su vez viene de *mo kusa*, es decir, "hierba que se quema". Es un compuesto a base de artemisa secada y molida, que se utiliza en la moxibustión. Ésta forma parte de un método terapéutico de origen chino, basado en el mismo principio que la acupuntura, pero en lugar de pinchar simplemente los puntos de acupuntura con agujas finas, la moxibustión los calienta o los quema ligeramente mediante la combustión de bastoncillos o bolitas de moxa.

12. INFILTRAR LAS TROPAS ENEMIGAS (*Jinchū shinobu toki no narai*)

Esta técnica es importante para infiltrarse en ejércitos. Antes de llevar a cabo la infiltración de los ejércitos en un campo de batalla, es necesario desviar la atención de los enemigos, gracias a un "fuego de lobo"* lanzado desde el lado de los aliados.

Aprovechando el momento habría que preparar la posibilidad de batirse en retirada. Si dicha posibilidad fuese inexistente, habría que llevar a cabo la infiltración en el preciso momento en que las tropas inicien la marcha, abaten árboles y bambúes, montan un campamento, se duermen a causa del cansancio de la jornada o se protegen de un fuerte aguacero o de un viento violento. En el caso en que un *shinobi* se mezcle con la población, debe hacerlo acercándose a personas con una posición sólida y en ningún caso debe acercarse a *bushis*,[20] que son gentes que engendran temor.

El mejor momento para colarse es entre la hora del jabalí y de la rata y la del tigre.[21] Si uno se cruza con gente que hablan de esto y lo otro, se debe hablar y comprender el tema. Una antigua tradición dice también que se debe conocer y dominar de forma clara la manera de estar de pie y sentarse

* Este término designa disparos luminosos comparables a los fuegos artificiales, que se utilizaban para transmitir órdenes a las tropas.

de las tropas enemigas, además de las señales, las contraseñas y la manera de saludarse.

Si se está en terreno descubierto, los centinelas deben gritar para distraer la atención de los que vigilan en el otro bando. En este caso puede aprovecharse este ruido para ocultarse. Nunca se debe permanecer ligado a lugares particulares y hay que considerar todas las cosas como un escondite potencial. Si a un *shinobi* le resultase casi imposible encontrar un escondite, deberá confiar en el Cielo y avanzar sin temor. Lugares propicios para esconderse son las fuentes viejas, las sombras, las cimas de las montañas, los agujeros y cavernas, los aseos, los árboles grandes, detrás de los andamios de las obras y los lugares públicos donde se pasa desapercibido. Los sitios donde resulta más fácil ocultarse son aquellos que el enemigo considerará sospechosos y, por lo tanto, deberían evitarse.

13. REFLEXIONES SOBRE LAS AVES ACUÁTICAS (*Mizudori no kangae*)

Consideremos que se trata de un lugar donde se reúnen tanto los espías enemigos como los propios.[22] Aunque el corazón inquieto se acelere, el *shinobi* debe, como un ave acuática, acercarse tranquilamente a las cosas. Los hombres de este mundo se dejan distraer con facilidad por muchas cosas, mientras que un *shinobi* no se deja apartar del camino que llega a la meta, reforzando en sí mismo la confianza y la sinceridad. Este camino es idéntico al que sigue un santo o una persona que se esfuerce por realizar la Iluminación.

> El río Shishui de Hunan,
> azul como el cielo.
> En medio, un ave acuática blanca como la nieve.
> Yo aspiro a ser como ella.

Suelen verse a menudo aves acuáticas y otros animales salvajes alrededor de los castillos y de sus fosos, de los muros de piedra y de otros lugares de difícil acceso donde es seguro hallar espías. Se escucha un sonido, que la mayoría de las veces está ocasionado por pájaros que echan a volar.[23] Durante los momentos en que los espías se ocultan alrededor de los castillos, los pájaros echan a volar, el cielo se torna neblinoso y la luz de las estrellas pierde intensidad. Espiar significa integrarse con las cosas más variopintas y, de este modo, ocultarse hábilmente y con arte.

Para vadear agua se construirá una plancha rectangular con madera o bambúes, compuesta por cuatro tablones de madera atados juntos. Si uno se oculta en el agua habrá que elegir un tronco de árbol que ofrezca la suficiente protección y que permita que la cabeza sobresalga del agua. Para respirar bajo el agua, un *shinobi* utiliza bien un tubo de bambú o la *saya* de su *wakizashi*.*

Quien desee trepar la muralla deberá utilizar bien un *kaginawa*, o la cuerda con las que se ligaron los trozos de madera. Entre las ranuras de la sillería del muro de piedra del castillo pueden introducirse objetos alargados, parecidos al *kōgai*.**

* La *saya* designa la vaina rígida donde se enfunda la hoja de un sable japonés, sea corto (como el *wakizashi*) o largo (como la *katana*). Perforando el extremo y metiendo la contera en la boca, el ninja podía utilizar la *saya* para respirar bajo el agua. Dicho sea de paso, si se utilizaba un tubo de bambú, éste último también podría utilizarse como arma, en tanto que cerbatana. Las técnicas a las que se hacen referencia en este capítulo revelan *suiren-jutsu* (dominar el elemento acuático, para nadar silenciosamente o combatir) y *suiton-jutsu* (utilizar el agua para ocultarse y desaparecer).

** Par de piezas alargadas de madera o metal. Los samuráis las llevaban con ellos y sus usos eran múltiples. En principio, el *kōgai* servía para rascarse la cabeza cuando se llevaba casco. Los *kōgai* pasaron a convertirse en útiles polivalentes: alfileres para el pelo, almohaza para los caballos, etc. Se comprende que para un ninja, un objeto así fuese algo muy preciado para escalar muros, sirviendo como clavijas insertadas en los intersticios de la sillería de las murallas.

14. LOS MOMENTOS OPORTUNOS PARA LA INFILTRACIÓN

(*Shinobi hairu jibun no koto*)

Se sabe que no debe fijarse un momento determinado para iniciar una infiltración, sino aprovechar el momento oportuno, cuando la gente esté ocupada o relaje la atención. Es importante proceder sin prisas y determinar con exactitud el objetivo que se quiere alcanzar.

De noche: al crepúsculo, a la hora del jabalí, a la hora de la rata y a la hora del tigre.

Durante el día: a la hora de la liebre, a la hora del buey, a la hora del gallo.[24]

Si se desconoce el mejor momento, hay que remitirse al propio cuerpo. Si el lado izquierdo de la nariz está insensible, se elegirá una hora par, y si lo está el lado derecho, se elegirá una hora impar.

Se puede utilizar este recurso, aunque igual que ocurre con las pupilas de los gatos, que aumentan y encogen, la gente no acaba de saber por qué es así.[25]

Normalmente, la gente se acuesta hacia las nueve o las diez, se duerme al cabo de dos horas y se despierta sobre las seis de la mañana, aunque eso varíe en función de los individuos. Hay gente que respira de manera muy irregular cuando duerme, otros lo hacen de manera regular. También los hay que tienen los ojos abiertos durante una hora incluso después de haberse dormido. Nosotros calificamos de doctrina estas observaciones para examinar las etapas del sueño. Para quienes se duermen de golpe, es como si se les cae un techo encima.

Hacia la mañana se pueden llevar algunas piedrecitas. Habrá que moverse con mucha suavidad, resultaría muy cansado llevar más cosas.

Para trepar por un tejado o a lo largo de una pared, será de ayuda, como ya se ha mencionado, un *kaginawa*, una *katana* o un *wakizashi*. Trepar por un tejado y caminar a continuación por él debe llevarse a cabo en silencio, inspeccionando las dos vertientes y su techumbre. Si a juicio del *shinobi* sucede algo extraño, éste deberá tirar una piedra en esa dirección y aguardar la reacción.

El *shinobi* que es descubierto tirará una piedra al suelo al huir, para que suene con claridad y haga ruido. Así escapará gracias a un ardid.[26]

15. LAS ENSEÑANZAS DE LOS CUADRÚPEDOS
(*Yo ashi no narai*)

Bajo este término se incluye la técnica que consiste en imitar a los cuadrúpedos, como perros y gatos. Con la ayuda de este saber, un *shinobi* puede ocultarse en la oscuridad de la noche o en los lugares en los que el *shinobi* es difícil de descubrir. El imitar a los cuadrúpedos que aquí se discute no consiste solamente en adoptar su forma, sino también en comportarse como ellos.[27]

Para aprender alguna cosa de los perros, primero hay que absorber la costumbre que tienen de cavar agujeros al pie de las vallas o paredes.[28] Al hacerlo, los perros escarbadores hacen una señal mediante un profundo gruñido o gemidos. Lo mismo hacen cuando duermen, cuando se tienden en el suelo o se sacuden. También pueden producir un sonido parecido cuando tiran del bajo de un pantalón. Si un perro se encuentra con animales salvajes, gruñe, por lo general. Por el contrario, ladra al amenazar a un ser humano. Cuando está en la calle, camina junto a vallas y paredes. Si reposa en el suelo, lo hace a la sombra en verano y al sol en invierno. Si ladra agresivo contra la gente, es sin duda un perro tiñoso.

Cualquiera que quiera ganarse la confianza de un perro deberá ofrecerle algún alimento cocido. Si a ello se le añaden granos de sésamo y pastelillos de aceite, dejará de ladrar. Si se le da *machin** para comer, se emborracha y da la impresión de estar muerto. Si se le salpica de agua, vuelve en sí. Su muerte es segura si se mezclan limaduras metálicas con la comida. Como los perros suelen ladrar a las personas, el *shinobi* no los aprecia y deberá estar al tanto de sus reacciones.

* *Machin* es el nombre que designa un árbol típico del sudeste asiático, la nuez vómica (*Strychnos nux-vomica*). A partir de los frutos de dicho árbol se fabrica la estricnina, un veneno que paraliza el sistema nervioso. Según su preparación, puede utilizarse la misma sustancia como medicamento, o para preparar matarratas.

16. DOS SHINOBIS TRABAJANDO JUNTOS
(*Futari shinobi no koto*)

Resulta mucho más difícil espiar en pareja que a solas.

Dos *shinobis* deben poder fundirse en una única persona para no tener dudas sobre cómo conducir las operaciones. Si no están de acuerdo y no se armonizan, uno de los dos ha de prevalecer sobre el otro.

Cuando, por ejemplo, dos personas espían de noche, una de las dos golpea el portal o la puerta principal de manera que haya gente que salga, y luego desaparece. Eso les parecerá sospechoso a los habitantes de la casa y por ello tratarán de seguirle. Ése es el momento en que el segundo *shinobi* aprovechará para penetrar en la casa. A continuación, uno de los dos también puede hacerse pasar por mensajero y requerir ver al señor de la casa para entregarle una carta falsificada. En ese momento, el segundo *shinobi* puede penetrar furtivamente en la morada.

Otra posibilidad es pelearse violenta y ruidosamente. Mientras uno de los dos se mete en la casa, el otro se pone a perseguirlo. Si el perseguido es invitado por el dueño del lugar, puede aprovechar para informarse sobre la casa y abrir puertas y cerrojos.

Éstos son algunos ejemplos simples que pueden variar, y sugerir otros modos que susciten y enriquezcan otras ideas, lo cual es de gran importancia.

17. TRES SHINOBIS TRABAJANDO JUNTOS
(*Sannin shinobi no koto*)

En el caso de tener que trabajar en trío, se presenta la misma problemática que cuando se trata de una pareja. A partir de tres personas, el método continúa siendo el mismo. Cuando los corazones laten al unísono se pueden realizar grandes cosas siguiendo este método. Pero siempre es algo problemático cuando todos los *shinobis* no han tenido el mismo entrenamiento, pues quien sea inexperto puede convertirse en un peligro para los demás. Casos así han dificultado la tarea incluso en el pasado. En comparación, el trabajo del *shinobi* aislado es más fácil.

Pero cuando tres personas se entienden, es posible infiltrarse en cualquier sitio. Así, por ejemplo, los fosos de los castillos o los lugares escarpados pueden ser sitiados y conquistados: dos *shinobis* prestan sus hombros a un tercero y le permiten escalar el muro. Este tercero puede, a continuación, tirar de los otros.

Como maniobra de diversión, se puede atrapar a un joven y gritar: «¡Al ladrón!». Cuando se aclare que no es un ladrón y que se ha captado la atención de los demás viandantes, habrá que disculparse ante él. También se puede aprovechar el tumulto suscitado tras la captura del joven para escapar. Como ya se ha explicado anteriormente, con tres personas se puede simular una pelea entre dos protagonistas. Amparándose en la confusión, la tercera puede introducirse fácilmente donde desee. Otra posibilidad sería que uno de los tres se disfrazase de funcionario oficial y que detuviese a dos individuos, entrando en la casa para inspeccionarla y hacer el inventario.

Aunque no existe nada que tres personas no puedan conseguir, todas las situaciones requieren de un trabajo minucioso e ideas creativas.

Si el número de participantes tuviese que aumentar, será indispensable utilizar contraseñas y un lenguaje secreto.

III. *SHŌNINKI CHŪKAN*

SEGUNDO ROLLO

18. LA DOCTRINA DEL DEVENIR DE LA TIERRA Y EL CIELO
(*Tendō chidō no narai*)

Por *tendō chidō* entendemos el arte de dejar aparecer en el Cielo algo sospechoso para desviar la atención de la gente hacia lo alto y al mismo tiempo tratar secretamente con la Tierra, como si no fuese importante. Es necesario comprender bien esta estrategia.

Si, por ejemplo, se tiene la intención de ocultarse en un foso o de excavar una galería bajo una muralla de tierra, se puede crear una diversión en un lugar más elevado. Si hay que trepar, se puede desviar la atención de la gente hacia el foso. No por ello se han agotado ya todas las posibilidades de la técnica del *tendō*. Quienes la utilicen también deben estar atentos a las condiciones atmosféricas (*tenchi*). Cuando, entre otras cosas, sopla el viento, llueve, brilla el Sol o la Luna y uno siente un malestar, entonces no hay que espiar.

Un experto reconoce esos momentos y no emprende acción alguna, pues hace caso a su sensación íntima. De todos modos resulta muy difícil saber leerla y comprenderla de la manera correcta. Hay que contar con una persona que reconozca el momento propicio. ¿Cómo estuvo antes?

Cuando las cuatro configuraciones estelares,[29] *Ki, Heki, Yoku* y *Shin*, pasan alrededor de la Luna, seguramente hará mucho viento.

El viento se levanta cuando la llama de la lámpara emite ruidos, y lloverá pronto cuando aumente el humo negro de la lámpara. Al amanecer, cuando el Sol y la Luna cuentan con un halo, se puede pronosticar que lloverá los tres días. El tiempo mejorará al ocaso. Como existen otros muchos métodos, lo dejaremos aquí.

Conocemos la técnica para disipar la niebla y sosegar el corazón. Si un *shinobi* se encuentra indeciso o extenuado de cansancio, no debe emprender ninguna acción. Aunque una tarde lluviosa sea favorable para el espionaje, las condiciones pueden hacerse peligrosas según el lugar y el momento. En consecuencia, es engañoso determinar cientos momentos para pasar a la acción, calificándolos de muy favorables para recabar información.

19. ACCEDER A LUGARES ELEVADOS Y A LAS PROFUNDIDADES

(*Taka koe hikiki ni hairu no narai*)

Un *shinobi* utiliza como herramientas objetos de la vida cotidiana. Existen diversas herramientas que el *shinobi* lleva consigo. No obstante, dichos utensilios difieren dependiendo del individuo. Puede transportar algunos sin problemas, mientras que otros suscitan enseguida sospechas en la gente, por lo que no es conveniente llevarlas encima. Por esta razón, el *shinobi* no deberá llevar consigo herramientas con ganchos, cuerdas u otros objetos parecidos. Pero hay casos de urgencia en los que, con las prisas y la precipitación, deberá dejar tras de sí herramientas que podrían ser recuperadas por terceros.

Hay que tener cuidado con este tema.

El *shinobi* puede escalar lugares elevados gracias a un *kaginawa*, por ejemplo. Se coloca una moneda de un *zeni** entre cada tubo, y se inserta una cuerda a través de los mismos. Cuando se tira de la cuerda, el *kaginawa* se transforma en una pértiga** con la que saltar un muro.

* Antigua moneda japonesa, parecida a la actual de 5 yenes, con un agujero en el centro.

** Este instrumento constaba un rezón en la cuerda en la que se habían ensartado varios trozos de bambú. En caso de necesidad, el ninja podía tirar de la cuerda, lo que comprimía al máximo los tubos de bambú entre sí. Bloqueado en esta posición, el rezón se convertía en una sólida pértiga, o podía pasar a ser utilizado

Descender por un muro se llama *horiori*. En un tejado, el *shinobi* puede emplear una pértiga de bambú o una lanza para bajar al suelo deslizándose a lo largo de la pértiga y manteniendo la espalda contra la pared. Además, tampoco tiene por qué ser muy peligroso saltar utilizando una pértiga larga. Cuando se salta con ayuda de una pértiga, ésta puede hundirse en el suelo y se puede acabar cayendo mal, pero las heridas serán leves.

Como ya se ha mencionado, también es posible utilizar una espada, larga o corta, para escalar a lugares elevados. Sin embargo, si no nos atamos la correa (*sageo*) a la pierna, nos será imposible recuperar la espada después.[30] Hay que tener cuidado con esta cuestión.

Para descender de lugares elevados lo más conveniente es ceñirse una cuerda. Si se carece de cuerda, hay que bajar con firmeza utilizando una soga improvisada de prendas de ropa atadas entre sí y luego saltar lo que reste hasta el suelo. Utilizando este medio se puede saltar desde el tercer piso de un lugar con una cuerda que sólo llega para dos, siempre que quede por saltar una distancia equivalente a un único piso. Gracias a métodos así, podrás descender de no importa qué lugar, por muy elevado que sea.

Cuando se quiere entrar clandestinamente por una claraboya, la infiltración resulta difícil al existir un cerrojo interior. Una ventana que se cierra todas las noches no presenta tal inconveniente, pues no tiene cerrojo interior y basta con abrir el pestillo superior. Por lo tanto resulta bastante más fácil de abrir.

---

como arma. A la inversa, el ninja podía transportar este objeto en su forma comprimida y tiesa, disimulándolo como si fuese un bastón para, llegada la ocasión, desplegarlo y utilizarlo como rezón. En esta forma "telescópica", el rezón pasaba a denominarse *shinobikagi* o *shinobi-kumade*.

Hay una herramienta llamada "rompeterraplén", que sirve para resquebrajar paredes de tierra. Es una herramienta con una hoja redonda de un diámetro de un *shaku* y 5-6 *suns*, parecido a una sierra dentada.*

Haciéndola girar y tirando de ella es posible realizar un corte eficaz y practicar una abertura en la pared. Si se trata de franquear un muro o una valla, se serrará el fondo de un tonel. A continuación se forzará el barril a través de la valla y se reptará a través del cilindro resultante. Si es necesario regresar, se podrá utilizar en sentido contrario. Cuando se deja el lugar, puede cerrarse el boquete retirando el tonel. Así, si te persiguen, las huellas podrán borrarse y la búsqueda resultará difícil para los perseguidores, que no podrán franquear el derrumbe.

Hay que adaptar sierras pequeñas para abrir puertas, puertas correderas y otros sistemas de cierre. Para abrir un candado o un cerrojo se puede practicar un agujero por el que pasar la mano. Así se puede abrir la cerradura de la puerta. Aunque existen muchos métodos para volver a cerrar la puerta, el cerrojo debería estar en el medio o en la base de la puerta.

Ahora bien, si te das cuenta de que un espía enemigo intenta introducirse en tus estancias privadas,[31] hay que estar muy atento y todas las puertas deberán cerrarse con cerrojo, excepto una, que debe abrirse con facilidad. Hay que soltar el cerrojo y abrirla ligeramente. Coloca un cerrojo en el centro

* Un *shaku* es una antigua unidad de longitud japonesa que corresponde a 30,3036 centímetros (es decir, el equivalente de nuestro "pie" occidental). Un *shaku* es igual a diez *suns*, y por lo tanto, un *sun* corresponde a 3,3036 centímetros. Este instrumento tenía pues forma de sierra (*shikoro* o *noko*) redonda, de alrededor de 35-38 centímetros de diámetro. Estas medidas, *shaku* y *sun*, se utilizaron hasta 1921, pero hoy en día siguen vigentes en Japón en la esfera del artesanado tradicional. El tamaño de sables y arcos se sigue midiendo así.

de la puerta o ata un cordel a tu almohada, o a tus cabellos, para así dormir tranquilo. Si se intenta abrir la puerta, tus cabellos lo notarán.

Claro está, las personas inexpertas no dormirán por falta de confianza y estarán vigilantes. Podrán soportar esta situación durante dos o tres noches, durante las que nadie hará acto de presencia, pero luego se sentirán agotadas y caerán en un sueño profundo, hasta el punto de no poder abrir los ojos cuando alguien se meta subrepticiamente en su casa.

Por dicha razón es preferible permitir que el cuerpo repose cómodamente, a fin de que no se sienta agotado.

Antaño, un *shinobi* que quiso meterse clandestinamente en una estancia confeccionó una muñeca y la tiró al interior de la habitación, con la esperanza de que tuviese lugar alguna reacción. Aunque es una técnica muy interesante, ya no se emplea en la actualidad.[32] No todo el mundo la conoce, pero en otros tiempos era famosa y por ello llegará un día en que volverá a serlo. Por eso es de buen juicio no utilizarla.

20. AMPLIAR LA PERSPECTIVA AL ESPIAR

(*Shinobi ni iro o kaeru to iu narai*)

Shinobi ni iro o kaeru to iu narai es una importante estrategia cuando uno tiene la duda de ser espiado. Un *shinobi* desearía apoderarse de alguien al que debería tentar gracias a algo susceptible de entusiasmarle. Podrá entonces exigirle de todo. Hará ver que se concentra en el norte cuando en realidad espiará a partir del sur, o bien hará llegar al adversario informes sobre sucesos lejanos cuando en realidad estará fomentando planes contra él allí mismo.

El maestro le dijo a un discípulo dotado: «Róbame un cántaro, aunque sea difícil entrar en las casas a pleno día».

El maestro también salió para hacerse con el cántaro y al regresar resultó que había comprado aquel objeto. El discípulo se burló de la compra, ante lo cual respondió el maestro: «Razonas como un principiante. Si quieres adquirir un cántaro grande y no piensas en otra cosa, no verás nada más que el cántaro. En cambio, yo me acomodo a las circunstancias. Robo muchas cosas pequeñas que oculto en mi manga. Tras revenderlas, me compro un cántaro grande. Es lo que denominamos la estrategia de ampliar la perspectiva».

Para saber si alguien tiene dinero deberán elaborarse diversas estrategias apropiadas, parecidas a la siguiente técnica: si se quiere vender algo que vale diez *ryōs** por un precio de dos o tres *ryōs*, todo el mundo querrá participar en este negocio. Quienes no tengan dinero compondrán una mueca amarga. Los que puedan se harán prestar el dinero y dirán que les gustaría participar en la transacción de mil amores, en caso de llevar el dinero encima. Quien les observe atentamente podrá distinguir fácilmente al mendigo del rico.

También puede resultar que un *shinobi* desee poseer algo. Si alguien le ofrece lo que aquél desea, sus verdaderas intenciones deberán seguir siendo secretas, siendo muy prudente a la hora de negociar el precio.

Para informarse sobre el número de personas en un hogar o de otras cosas, es preciso ganarse la confianza de un *ana ushi*[33] en el interior de la casa, que librará las informaciones deseadas. Es preciso tener presente una estrategia que ya hemos explicado anteriormente, que consiste en congraciarse con el señor de la casa. En este terreno, el *shinobi* debe aparentar modestia.

* En el Japón feudal, el *ryō* (o *koban*) era una moneda de oro. Era la moneda en circulación de valor más elevado. Fue reemplazada por el yen en noviembre de 1870.

21. PROTEGERSE DEL ENEMIGO

(*Teki fusegi to iu narai*)

En el Ninjutsu uno se juega la vida para alcanzar las verdaderas intenciones y objetivos hacia los que se tiende. Si el *shinobi* se coloca modestamente en segundo plano, podrá espiar mejor.

Si el enemigo se enfurece a causa de las deudas de alguien, es conveniente endosársela a otro y huir rápidamente.

Endosar la propia falta a otro es algo sórdido, pero es un escrúpulo que no existe en el mundo del espionaje.

Una vez que se ha infiltrado al adversario, el deber del *shinobi* es, entre otras cosas, dañar las hojas de las espadas y romper las lanzas.

Cuando hay alcohol de por medio, con motivo de fiestas, en presencia de prostitutas o cuando se juega con dinero de por medio, es fácil explotar la imprudencia de la gente e introducir agentes ocultamente.

Desde luego, el *shinobi* nunca debe participar en estos placeres.

22. ENSEÑANZAS SECRETAS PARA PERTURBAR A LOS ASESINOS

(*Dainin ni nerawarezaru mitsuhō no mamori*)

Estos caracteres deben situarse en los rincones,* de norte a sur.

A fin de protegerse preventivamente, siempre habría que llevarlos encima, realizar abluciones rituales, mejorarse sin fin y estar siempre bien atento. Éstas son las enseñanzas secretas más importantes.

Para poder permanecer libremente en casa de la gente o protegerse del mal, se utilizarán los caracteres siguientes.

* Véase Introducción pág. 21.

Si nos acercamos al adversario, las siguientes fórmulas mágicas evitarán que seamos vencidos.

Jōryakuhō

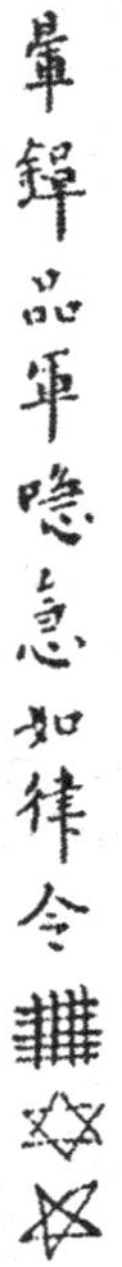

Chūryakuhō

Geryakuhō

Estas fórmulas helarán la sangre de las gentes y les inducirán a cometer errores.

Si el *shinobi* está dispuesto a seguir las reglas, le será posible caminar sobre los filos de las espadas y protegerse el cuerpo de heridas; avanzará sin miedo y todas las flechas fallarán.

Aunque existe un gran número de fórmulas mágicas, éstas son desconocidas para el común de los mortales.* Hay

* Véase Introducción, pág. 21.

personas, como las mujeres y los niños, a las que les encanta dejarse engañar por falsos sacerdotes y *yamabushis*. Nada de eso tiene valor y no corresponde al noble principio. También sucede que esta técnica cuenta con sus zonas oscuras y no debería ser alabada en exceso. Es necesario reflexionar. Aunque los guerreros también dispongan de fórmulas mágicas sobre sus cascos, no todas las flechas yerran su objetivo. Y se dice que un proyectil te abate enseguida.

Para enturbiar la vista de la gente, un *shinobi* les lanza a la cara o al aire un producto fabricado con huevos de rana carbonizados.[34] Si se introduce en las casas también puede meterlo en los ojos de los que duermen. Cuando se despierten, se encontrarán momentáneamente cegados.

Se requiere una extrema prudencia para no ingerir el veneno que se administra a otras personas. Quien viaja en compañía de alguien con quien se entiende bien no debe, no obstante, aceptar alimentos de su parte. No aceptar comida ni bebida es un precepto importante. Además, se puede verter veneno en el alcohol de arroz, en los dulces o en un baño. Ya antaño podía encontrarse veneno en los alimentos que se servían en los albergues. Por eso se nos han transmitidos innumerables métodos para añadir veneno tanto en los alimentos como en las bebidas.

Se utiliza el método denominado "hacerse un amigo temporal" cuando la desconfianza se instala en una casa infiltrada.

En este caso, hay que subrayar la necesidad de conversar con los niños, mujeres y hombres con una buena posición en dicha casa, de manera que pueda establecerse una relación con los padres o los abuelos de esa familia, a los que todavía no se conoce.

Sin que se percaten de que están siendo manipulados, su corazón se abrirá, pudiendo extraer informaciones dignas de confianza en espacio de poco tiempo.

23. UTILIZAR LA SOMBRA DE LOS ÁRBOLES OPORTUNAMENTE
(*Kikage no daiji*)

¿No resulta sorprendente que se pueda pasar la noche a la sombra de un árbol?

Si se es descubierto, no habrá nadie que nos inculpe. Un maestro del camuflaje debe ser consciente y buscar un lugar donde pueda ocultarse con facilidad. Si es descubierto, valdrá la pena sembrar dudas, algo que no resulta fácil.

Además, las casas de citas o de artistas también son lugares apropiados para pasar la noche y recoger información. Los servicios de las encargadas de prostíbulos son favorables para todo *shinobi* que debe ocultarse, o para cualquier hombre honorable que quiera ocultarse fácilmente. Entenderse bien con esta clase de gente le permite al *shinobi* moverse abiertamente entre ellas y recoger información.

Pero al mismo tiempo, como habla con los individuos más diversos y puede espiar en las mejores condiciones, ¡debe desconfiar de las mujeres!

No debe olvidarlo bajo pena de exponerse a situaciones terribles.

24. DEJAR FALSOS INDICIOS TRAS DE SÍ

(*Koto o magirakasu no narai*)

Cuando el *shinobi* es descubierto y llega su hora, puede que haya fallado por múltiples razones, sea por una estrategia errónea o a causa de sus propias debilidades. También hay ocasiones en que la falta de confianza en sí mismo, la dejadez o un reclutamiento equivocado pueden conducir al fracaso. El que es descubierto debería deshacerse de los objetos sospechosos a fin de desviar la atención. Al huir, hay que abandonar tras de sí los objetos que pudieran suscitar sospechas, y debe hacerse con habilidad, pues con toda probabilidad serán sometidos a un examen minucioso. Es muy importante ser consciente de ello. Cartas de difamación o indicios falsificados que podrían poner en causa a otras personas no son elementos desconocidos para el *shinobi*.

Cuando el *shinobi* se presenta como testigo e informa achacando sus propias faltas a los demás, puede acabar escapando a sus perseguidores. Es un método infame, pero eficaz. Aunque existen muchas estrategias de este tipo, hay que saber elegirlas dependiendo del caso y por ello son de difícil descripción. Utilizarlas con conocimiento de causa puede evitarle fácilmente al *shinobi* una pesada condena.

Lo que un *shinobi* puede hacer aparecer como por arte de magia debe situarle en una posición que le permita elaborar un plan en profundidad, que llenará a la gente de temor y dudas.

Hay que saber reconocer y tomarse en serio el momento adecuado en el que conviene llevar a cabo investigaciones.

25. EL ARTE DE ADIVINAR LAS VERDADERAS INTENCIONES (*Hito ni ri o tsukusa suru narai no koto*)

Hito ni ri o tsukusa suru es el arte de saber cómo comportarse con los demás. Quien está vacío aprende el Principio* y obtiene informaciones del otro cuando éste es imprudente.

Para ello, la clave consiste en cribar de la conversación las informaciones totalmente banales, esperar y comprender las verdaderas intenciones de los otros.

Para adivinar las verdaderas intenciones de alguien es necesario hacer el vacío en uno mismo, no hablar de lo que nos interesa, dejar que la gente hable e ir enterándose poco a poco de sus intenciones.

Si eso ha de durar varios días, hay que halagar a la persona, lo que excitará su arrogancia, con lo que serán rápidamente reconocibles los signos descritos anteriormente.

Cuando se prosigue la conversación una vez aparecidas las primeras señales, las verdaderas intenciones del interlocutor también se revelarán.

En ese momento, el *shinobi* no debe relajar su atención, sino proseguir la conversación, sin perder por ello su ventaja.

* Véase Introducción, pág. 22.

Es importante ocultar las verdaderas intenciones para no ofrecer más que informaciones sin importancia acerca de uno mismo.

A través de la discreción y una modestia personal, se revelan claramente las intenciones de los hombres. Cuando alguien persiste en su estado de vaciedad mientras mantiene buenas relaciones con los demás, siempre le resulta fácil reconocer las intenciones ajenas. Por eso es muy importante poder dejar el ego de lado. Para espiar bien es importante estar totalmente vacío.

Utilizar a los demás, manipularlos sin que se den cuenta, mientras se les halaga con habilidad, sin querer forzarles a nada, es un concepto extraordinario que hay que comprender en su totalidad.

26. RECONOCER EL CARÁCTER DE UN INDIVIDUO

(*Ninsō o shiru koto*)

Existen métodos para observar a la gente y reconocer sin asomo de duda su manera de pensar y su carácter. Se dice que el Yo escucha al corazón con atención, lo observa y que puede ser visto y leído como su imagen en un espejo. Aquél cuyo corazón no está tranquilo puede convertirse rápidamente en víctima de los demás. Por eso el *shinobi* utiliza esta técnica y puede seguir por todas partes el corazón del adversario, así como penetrarlo.

Se trata de la técnica básica del *shinobi*.

En primer lugar habría que examinar la postura del cuerpo, sus movimientos, el arte y la manera de hablar, el tono de la voz y finalmente el color del rostro y el comportamiento.

El rostro se compone de tres partes:*

–La parte superior se extiende desde la línea del cabello hasta las cejas. Si esta parte es alargada se puede considerar una vida larga y feliz.

–La parte media va desde las cejas al borde de la nariz. Si esta parte es alargada se puede hablar de un carácter muy noble.

* Véase Introducción, pág. 23.

–La parte inferior va desde la nariz hasta el mentón. Si esta parte es alargada se puede interpretar como señal de un carácter miserable.

La riqueza de información de las tres partes mencionadas es enorme.

Los hombres y las mujeres no deben ser examinados de forma distinta, pero si en el hombre la frente o la voz demuestran ser agresivas, eso denota un mal carácter.

27. LAS TRES ZONAS DEL CUERPO
(*Mottai ni santei aru koto*)

La cabeza se considera la zona superior. Si es grande no implica mal carácter, sino una vida breve. El mal carácter lo revela una cabeza pequeña. Otros signos de un mal carácter son unas rodillas poco sólidas, caderas estrechas y una boca caída.

De los hombros a las caderas son la zona intermedia. Si es corta, hay que pensar en una vida corta y en falta de voluntad. Si la parte media es más corta que las piernas, entonces implica una falta de autoconsciencia. Las mujeres que tienen los hombros derechos carecen de amistades la mayor parte del tiempo y están como si les faltase un hombre.

Consideramos la zona inferior el espacio que va de las caderas a los pies. Si es más larga que la parte intermedia significa que la persona está sometida a enfermedades y que sin duda procede de otras provincias. Cuando una mujer sonríe, se tapa la boca, subraya las cejas o entorna la mirada al encontrarse con alguien de manera que sólo sea visible un lado de su rostro, significa que se trata de una prostituta o de una artista. Si tiene huesos prominentes entonces es una mujer de un carácter miserable.

Si la relación entre las tres zonas del cuerpo es armoniosa, es una señal positiva. Un mal carácter se reconoce por sus dimensiones desproporcionadas.

La parte superior

Se reconoce un buen carácter por unos pómulos bien proporcionados y simétricos, mejillas llenas que completan el rostro y que no forman mejillas hundidas.

Al andar, el trasero no debe balancearse ni ser prominente, pues denotaría un carácter mezquino. Una nariz alargada indica un corazón insensible.

Además, un carácter cultivado y una vida larga vienen indicados por una cabeza redonda y carnosa, un vientre grande y redondo, una espalda bonita, labios delgados y dientes blancos, orejas bien formadas, nariz estrecha, un claro contraste entre el blanco y el negro de los ojos, bellas y largas pestañas, hombros caídos y un pecho amplio y plano.

Poseer una chispa, un brillo en los ojos y unos párpados que no caen, no torcer la cabeza al mirar algo, aunque sea de un vistazo, no contar con impurezas en el color de los ojos, no tener aspecto colérico o amenazador y adoptar una actitud digna, tanto de pie como sentado, son señales de una vida larga y rica. Es como si remase entre las olas a bordo de una barca y que, a pesar del fuerte oleaje, se conservase un valor inquebrantable. Aunque se tengan inquietudes, no hay que abandonar completamente. Quien lleve eso en sí mismo disfrutará de una vida larga y rica.

Una voz fuerte que se oiga desde lejos, una mente impávida, una buena estatura, una frente grande, cejas estrechas, una dicción que no va acompañada de gestos, parecerse a una montaña al estar sentado, no permitir que el cuerpo emita olores fuertes, tener una lengua larga, dedos largos y finos, manos que cuelguen, relajadas, sobre las caderas, tener pelo en el talón o una mancha de nacimiento... todo ello indica un carácter parecido al de un santo. Una silueta así resplandece de la forma más bella sin la menor impureza. Hablar con voz sostenida y sin que nos falte la respiración, con dientes grandes y brillantes, un ombligo profundo hasta el punto de poder ocultar dátiles en él, también es señal de riqueza. Una persona rica cuenta con una piel suave, no engulle al comer y no mueve la cabeza al tragar.

Tener mucho pelo dentro de las orejas y la nariz, una mente clara, una buena estatura, fuertes músculos, venas flexibles, una voz llena, pómulos armoniosos, largas orejas peludas, cejas largas y blancas, un occipucio largo, palmas lisas, carnosa la parte de atrás de los pies, también son señales de una vida larga y feliz.

En cambio, se reconoce un carácter totalmente malévolo en que pone ojos de cangrejo, una expresión de incertidumbre. La persona llora cuando ríe, presenta un rostro impuro lleno de manchas, tiene la voz apagada, dientes mal plantados, las orejas deformadas, cabello corto aunque tiene pelo y vello por todas partes. Una persona de baja extracción no abrirá más los ojos cuando se acueste y tendrá la cabeza fría. También se dice que una persona modesta tiene una marca de nacimiento en las cejas y las piernas débiles, y que una cabeza que cuelga es señal de infidelidad.

La cabeza

Si los dos lados del mentón terminan en dos durezas y lo que se denomina el "hueso de la felicidad" se despega de detrás de las orejas como un cuernecillo, podría considerarse una señal de longevidad. Si la cabeza es redonda y brillante, esa persona hallará la felicidad profesional en puestos elevados. Los cabellos blancos que se tornan negros hacia atrás suelen ser buena señal. La gente que tiene el cabello fino y negro emprenderá una vida profesional oficial y hará carrera. Los cabellos largos y gruesos, una depresión a la altura de la nuca, ponen en evidencia un carácter mezquino. Quien posea un remolino en el pelo será de naturaleza escéptica.

Las cejas

Unas cejas finas, rectas y lustrosas son una buena señal. Alargadas, indican sabiduría. Si en las cejas hay una marca de nacimiento, es algo especialmente bueno. Unas cejas altas sobre la frente son señal de un rango profesional elevado y pelos blancos en las cejas anuncian una vida larga. Si los pelos de las cejas apuntan hacia lo alto, la persona es rica, y si son relucientes, es sabia. Si prosiguen por detrás de los ojos, la persona es especialmente honrada y leal, y si adoptan la forma del carácter *ichi**, indican sinceridad con respecto a su señor. Las personas malas tienen cejas estrechas y órbitas profundas. Las personas que mienten a menudo tienes cejas ralas. Las cejas caídas no son cosa rara entre las personas débiles.

Los ojos

Los ojos alargados, profundos y brillantes denotan un carácter de gran valor, al igual que los ojos brillantes y de un negro lacado son señal de un hombre con talento. Las personas que tienen ojos estrechos y largos gozarán en la mayoría de los casos de una vida larga. Una señal de nacimiento bajo el ojo es señal de un hombre bien alimentado. Si se reconoce el carácter *ichi* bajo los ojos, indica un carácter principesco. Los ojos triangulares sugieren gente mala; si los rabillos de

* Carácter japonés que designa la cifra 1 (一).

los ojos caen, es a causa de un mal de amores. Unos ojos fríos son señal de hipocresía y de un carácter de estafador.

La nariz

Si la punta de la nariz es prominente y no redondeada, es señal de una vida feliz y de un carácter jovial, y si la nariz no tiene nada de particular, también es buena señal. Una nariz alargada, tiesa o alta denota un buen carácter, y si es recta, es señal de lealtad. Cuando la parte superior de la nariz es estrecha y va ensanchándose hacia abajo, esa persona tendrá descendencia numerosa. Si alguien tiene una nariz parecida a un bambú partido, ocupa ciertamente una posición elevada y tiene mucho dinero. Si cuenta con una marca de nacimiento sobre la parte superior de la nariz, la persona en cuestión tendrá muchos hijos, mientras que quien la tenga en la parte inferior tendrá sobre todo hijas. Si un hombre tuviera una marca de nacimiento en la parte superior e inferior de la nariz, tendrá dos hijos. Si la zona del punto *jinchu** es alargada y blanda, esa persona todavía no ha perdido ningún hijo. Una persona tiene tendencia a mentir si no tiene la nariz puntiaguda. Y si muestra una arruga en una aleta de la nariz, es señal de un accidente con arreos de caballos. Si la nariz parece un pico, esa persona ya ha abatido a gente.

Las orejas

Cuando las orejas son largas y gruesas, es buena señal. Un bonito repliegue y un lóbulo que tira hacia la boca son señales

* Punto vital famoso en la práctica de las artes marciales, situado entre el labio superior y la nariz.

de vida longeva y de éxito financiero. Pelos en las orejas son señal de longevidad, y tener manchas de nacimiento indica un carácter sabio y una vida de hijo de buena casa. Las personas razonables, sabias y con un agudo sentido de humanidad y de justicia poseen una entrada grande del pabellón de la oreja y lóbulos alargados. Quien tenga una oreja en forma de *kanji* será famoso. Los idiotas y mezquinos poseen orejas descuidadas y sucias. La gente pobre tiene orejas parecidas a las de las ratas, situadas un poco demasiado altas con respecto a la altura de los ojos. Se reconoce a los huérfanos y mentirosos porque tienen orejas sin redondear, con grandes aberturas.

La boca

Una boca alargada y grande indica una posición elevada. Sólo un funcionario de alto rango que disfruta de una vida longeva cuenta con una buena estatura, como un arco, y dispone de labios rojos. Los hombres con una boca grande y labios rojos y gruesos tendrán suerte y no padecerán falta de alimentos ni de ropa. Los hombres que tienen una boca que forma el carácter *yon** son muy ricos. La gente con labios gruesos y lengua estrecha tiene instinto para saber aprovechar las ocasiones que reportan felicidad, y quienes tienen una lengua gruesa y una voz clara son cuidadosos y distinguidos. La gente con lengua de color rojo oscuro y una sonrisa que no descubre los dientes cuentan con un carácter de clase superior. Labios superior e inferior gruesos son señal de lealtad. Bocas afiladas y torcidas son las señales que indican gente de clase inferior. Si los labios de la persona se

* Carácter japonés para la cifra 4 (四) (también se dice *shi*).

mueven sin emitir sonidos, morirá de hambre. Alguien que tiene la boca parecida a la de una rata habla mal de los demás y los envidia. Los labios que se parecen a los de alguien a quien gustaría soplar sobre el fuego testimonian un carácter vil, y quien tiene una boca parecida a los morros de un perro morirá de hambre.

Los dientes

Dientes grandes, largos, resplandecientes y bien plantados son buena señal. La gente que ocupa una posición elevada tiene dientes que no pueden verse desde fuera. Los reyes cuentan con 38 dientes, los nobles de la corte tienen 36 y los sabios más de 34. Quienes gozan de una vida agradable tienen más de 30 y los canallas sólo 28. Si se tienen dientes parecidos a los de Fukurokuju,* anuncian una vida larga y próspera. Si los dientes son puntiagudos, entonces pertenecen a una persona de rango elevado, y se parecen a granos de arroz, se puede esperar larga vida. Un sabio letrado tendrá labios de color oscuro, y lengua y dientes blancos. Un hombre sin corazón tendrá dientes saltones y los mentirosos también tendrán dientes saltones y metidos hacia dentro.

La lengua

Una lengua derecha y larga es buena señal. Si la lengua puede tocar la nariz, entonces esa persona alcanzará un rango

* En el folclore japonés, Fukurokuju es una de las siete divinidades de la felicidad, inspirada en las deidades benéficas de la tradición china. Es el dios de la riqueza, de la sabiduría, de la virilidad y la longevidad. Se le representa como un anciano calvo y de cráneo muy alargado, con una barba blanca.

elevado en la corte. Una lengua larga y dura pertenece a personas especiales. Si es de color bermellón, también indica una particularidad. En cambio, una lengua estrecha y larga es señal de la degeneración propia de los embusteros. Si es corta y puntiaguda, entonces se trata de alguien obstinado y codicioso.

La mano

Una persona compasiva y que no es avara tiene manos largas y estrechas. Los brazos caen de manera natural a lo largo del cuerpo hasta la altura de la rodilla, señal de una mente sagaz. Dedos largos y finos pertenecen a un sabio y quien es inteligente tiene unas palmas largas y gruesas. Una persona rica tiene palmas cuyo borde externo es carnoso, con una hendidura en el medio. Un hombre de carácter y clase superior presenta líneas profundas y bien dibujadas. Si las líneas son hermosas, derechas y recuerdan un *kanji*, entonces son señal de buena suerte. Si llegan hasta los dedos, ese hombre podrá conseguir lo que desee. Un carácter inteligente y despierto cuenta con líneas bien dibujadas que se entrecruzan. Las uñas gruesas son una señal beneficiosa, y si son brillantes pertenecerán a una persona sabia y que piensa con firmeza. En cambio, una persona pobre y ávida posee uñas gruesas y cortas. Si las manos no llegan por debajo de las caderas cuando se las deja caer, denotan una vida sin vergüenza y miserable. Un hombre de buena estatura que tiene la punta de los dedos frágiles es pobre, pero su estado de ánimo es puro y también puede contentarse con poco. Si alguien tiene la palma de las manos húmeda y que exhalan mal olor, entonces se trata de una persona pobre y mísera.

Las líneas de las manos

Las personas modestas, ricas, sabias, de rango elevado y de renombre presentan líneas de la mano en las que se pueden reconocer los caracteres:

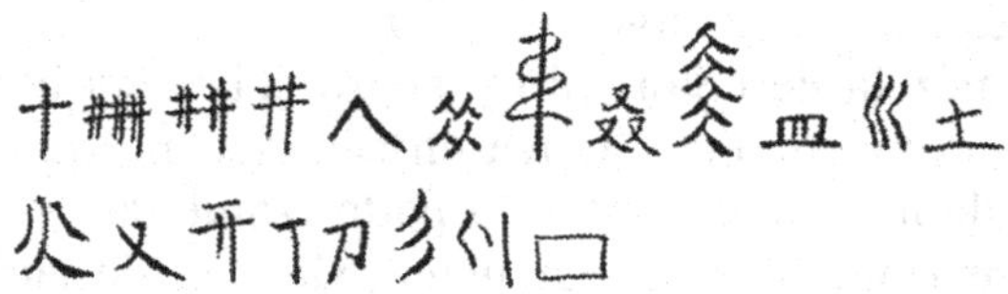

Las manchas de nacimiento

Es desagradable tener una mancha de nacimiento que se vea habitualmente, pero es una buena señal cuando está situada en lugares ocultos. Una marca sobre el punto *indō** es propia de alguien sabio y fuerte, y si se tiene sobre el *sashō* (el *sashō* está situado a la izquierda del *tengaku*, el cual a su vez está a la izquierda del *tenchū*),** entonces se accederá a elevadas funciones, pero se perderá pronto a los padres. Un carácter bien templado se reconoce por una marca de

* El punto *indō* equivale al punto *choto*, situado exactamente entre ambos ojos, en la raíz de la nariz (el famoso "tercer ojo"). Al igual que *jinchū*, es un punto de *atemi* muy reputado y bien conocido de los practicantes de artes marciales. No es más que una hipótesis personal, pero tal vez el autor haya querido introducir en este capítulo algunas indicaciones sobre los puntos vitales con el pretexto de hablar de fisonomía.

** El punto *tenchū* se halla en el extremo superior de la línea media que recorre la vertical del rostro, en lo alto de la frente, un poco por debajo de los primeros cabellos. Tal y como se ha indicado, justo después, a su izquierda, se halla el punto *tengaku*, y después el *sashō*.

nacimiento en la planta de los pies, y la gente que posee una tiene mucha suerte en las situaciones difíciles. Si alguien tiene una en la parte superior del muslo, intentará alcanzar posiciones elevadas, y de encontrarse en el lado izquierdo será una señal de riqueza y de situación estable en el camino del funcionariado. Las gentes sabias y afortunadas poseen una marca bajo el ombligo.

Una mezcla de color rojo y negro sobre los bordes de la marca de nacimiento indica un carácter mezquino. Una mancha de nacimiento sobre la parte izquierda del vientre anuncia una muerte por ahogamiento. Manchas de nacimiento alrededor de las orejas son señal de un cuerpo torturado por los dolores, y quienes la tienen sobre el punto *jinchu* son gente a la que no le gusta vivir sola.

La doctrina para el conocimiento del carácter humano es detallada, sin falta ni reproche. Estas notas tienen por objeto inventariar las características de nacimiento. Por ello se han cometido errores. Aunque, por ejemplo, un rasgo pudiera parecer totalmente maligno, también puede suceder que cuente con aspectos buenos, y que la persona no deba ser estigmatizada a pesar de contar con rasgos de carácter malos. Predecir el bien y el mal en un individuo es empresa difícil que debe abordarse con delicadeza. Si el *shinobi* es experimentado, reconocer lo que un individuo quiere no debería ser un problema. No obstante, querer conocer el carácter de alguien sin mirarle a los ojos para examinarlo, es harto inconveniente.

Un *shinobi* debe dominar el arte de descifrar sin esfuerzo el carácter de un individuo.

IV. *SHŌNINKI GEKAN*

ROLLO FINAL

28. LOS PRINCIPIOS MÁS SECRETOS
(*Goku hiden*)

En el Ninjutsu existe el principio de *senpenbanka*[35], que afirma que todo está sometido a cambios y transformaciones incesantes. La esencia de este principio no puede aprehenderse a través del estudio. Es importante conocer los países, los lugares y los sentimientos de los habitantes. El objetivo y el deber de un *shinobi* deben ser mezclarse hábilmente con ellos para obtener ventajas. Se penetra en el corazón de los seres humanos[36] y los principios más elevados cuando se franquean las "barreras sin puerta" (*mumon no isseki*), y el saber en la materia se torna claro.

No puedo explicar aquí el secreto del alma mediante palabras. Sin embargo, si el *shinobi* obtiene el conocimiento, éste alcanzará su plenitud en las cuatro direcciones del cielo, e incluso replegado sobre sí mismo, hallará lugar en su corazón. Este conocimiento extremadamente importante integra los misterios naturales del universo, las cosas más inusuales, y aclara de forma extraordinaria el curso del tiempo. Es el camino para conocerlo todo sin esfuerzo.

Lo que se transmite a continuación son las condiciones previas para conocer los principios secretos del Ninjutsu. Sin embargo, el *shinobi* no debe atenerse de manera demasiado estricta a las palabras escritas, pues podrá comprenderlas al llevar a cabo el estudio del corazón de los seres humanos.

29. LAS "BARRERAS SIN PUERTA"
(*Mumon no isseki*)

Resulta difícil sondear el corazón humano. Si uno se acerca, éste se ocultará sin dudarlo. Por eso es aconsejable hablar de la vida cotidiana, ir profundizando poco a poco y explotar la presunción del adversario.

Atrapa el hilo y no sueltes.

Si el otro desconfía, es indispensable ocultar conscientemente las propias intenciones. Con este objeto, hay que pegarse al corazón del adversario y hacer preguntas sin descanso. Quien es interrogado debe contar con total inocencia cosas sobre lugares sin importancia y al mismo tiempo continuar escrutando el corazón del adversario. Así:

> Con motivo del interrogatorio, no hay que ceder,
> y cuando se hable, no hay que dejar filtrar nada.

Son, sin duda, sabias palabras. Si se desea acceder a ciertas informaciones, hay que abordar temas cercanos para poder entrar en ellos.

No es aconsejable decir muchas vaguedades. Para penetrar hasta el fondo del corazón de los espías enemigos es necesario conocer sus ambiciones y sus intenciones. Los hechos menores y fútiles deben conocerse y hay que interrogarles al respecto.

Como los principios que su propio corazón no haya actualizado cambiarán siempre de contenido, es sabido que se adecuarán a influencias externas. Un experto se introducirá constantemente en el corazón ajeno sin hacerse notar, atravesando la barrera sin puerta.

Si un *shinobi* se encuentra con otros seres humanos, siempre deberá trabajar el *"kuruma ni kakuru"* de nuestra escuela, que consiste en espiar el corazón del enemigo sin hacerse notar y sin despertar sospechas.

Si el *shinobi* es inexperto, deberá hacer gala de gran prudencia al caer en una trampa del adversario. Ha de tener presencia de ánimo a fin de aprovechar cualquier ventaja, por pequeña que fuere, y saber reconocer y utilizar con rapidez todos los puntos flacos del adversario. Eso es lo que dice un viejo canto:

> Al amanecer la atención se relaja,
> pues quien observe todavía la luna en el cielo
> abrirá la puerta de su corazón, y durante este corto instante
> la luna podrá brillar justo el tiempo necesario para decirlo.

De hecho, tu propia atención nunca debe relajarse.

30. EL ARTE DE NO DESTROZAR A LOS INDIVIDUOS

(*Hito o yaburazaru no narai*)

Destruir a un hombre aleja del objetivo que se quiere alcanzar. Si te domina la rabia, pierdes ventaja. Uno se vuelva arbitrario y las cosas se hacen difíciles a causa de principios mundanos. En consecuencia, hay épocas en las que el individuo se halla sometido y otras en las que hay que reconstruir. Expresarlo en palabras no es tarea fácil. Sin embargo, es importante tenerlo en cuenta.

La noción de "fuerza" puede clasificarse en "dura", "flexible", "fuerte" y "débil". Quien no hace esta distinción se endurece cuando todo invita a la sensibilidad, y comete el error de manifestar su fuerza cuando debería demostrar debilidad. Sondear el corazón es algo maravilloso, pero primero habría que observarlo a fin de aplicar la estrategia adecuada.

"Convertirse en el enemigo" (*teki ni naru*) significa ponerse en el lugar del otro y así llegar a sondear su corazón. Eso equivale precisamente a la inmutabilidad del *tenchijin*,[37] que quiere que haga frío en invierno y calor en verano. Cuando un *shinobi* tiene frío, la gente también tendrá frío. El adversario conoce muy bien su punto de vista. Por ello es necesario examinar bien a la gente que quiere parecerse a ti.

"Tomar el corazón del enemigo" (*teki no kokoro o toru*)

significa juzgar su reacción cuando ha caído en la trampa y, de este modo, "tomar su corazón". Es una estrategia reflexionada perteneciente al "*teki ni naru*", y por esta razón hay que tenerla presente

Finalmente, "liberarse del adversario" (*teki ni naru*), de tal manera que se sea uno mismo, así como también el adversario. Desde este punto de vista, la ventaja está sometida a cambio y varía sin cesar. Cualquiera que desee ganar mediante esta estratagema debe ser un experto, pues, a pesar de todo, existen muchas opciones de perder utilizando dicho artificio.

Quien busca una ventaja y se remite únicamente a las estrategias descritas antes no pasará de ser un principiante, tanto antes como después. Por ejemplo, separarse de alguien y poder reencontrarlo, porque éste habrá desvelado por sí mismo su itinerario de viaje, sin que ni siquiera haya habido necesidad de interrogarle directamente sobre el tema, representa una actuación excepcional.

También de esta manera puede hacerse picadillo a un poderoso adversario antes que engañar a un enemigo prevenido. Para alcanzar este elevado nivel de desempeño, el *shinobi* debe trabajar incesantemente en sí mismo.

31. LOS ESTADOS DE ÁNIMO
(*Shinsō no koto*)

Se trata de una cuestión de gran importancia.

Para aprender a interpretar las expresiones del rostro, es necesario conocer las diferentes emociones del corazón. Si se considera únicamente la fisonomía humana, se pueden cometer fallos. Pero si un *shinobi* logra penetrar los estados emocionales del corazón, no cometerá más errores.

Empieza con tu propio corazón, que te fue dado por el Cielo, y conócelo bien. Medita en todos sus aspectos y después compáralo con los de otros hombres.

Distinguimos siete estados emocionales inherentes al corazón de todo el mundo (*shichijō*):

1. La alegría (*yorokobu*). Buscar la alegría es la emoción primaria del corazón.
2. La cólera (*ikaru*). También es una emoción original.
3. La tristeza (*kanashimu*). Es la emoción original de todos los seres dotados de sensaciones.
4. El placer (*tanoshimu*). El corazón tiene mucha necesidad de todo lo que le proporcione placer.
5. El amor (*ai*). El amor es una emoción primaria.
6. El odio (*nikumu*). Un carácter muy malvado es una tendencia poco conocida.
7. El deseo (*musaboru*). Es una tendencia arraigada en el ánimo de todos.

En la doctrina budista existen siete conceptos similares:

1. La alegría (*ki*).
2. La cólera (*do*).
3. La tristeza (*hi*).
4. La voluntad (*shi*).
5. El dolor (*yū*).
6. El miedo (*kyō*).
7. El asombro (*kyo*).

Al nacer el ser humano, estos estados emocionales están incompletos. Sólo en los santos se hallan los siete totalmente formados a la hora de nacer. Las siete emociones se modifican paralelamente al envejecer, dependiendo en cada individuo de las circunstancias de su vida, e influyéndose mutuamente a la hora de desarrollarse. En razón de cambios del entorno o del paso del tiempo, pudiera ser que uno solo de estos estados emocionales prevaleciese sobre los otros seis. Hablamos aquí en general del rasgo de carácter específico de una persona.

Los siete estados emocionales están sometidos al principio de impermanencia (*senpenbanka*).

Por ejemplo, adquirir una propiedad, un ascenso de rango y posición, acumular oro y plata, o muchas otras razones procuran alegría al corazón de una persona. De todos modos, es muy difícil discernir las causas exactas de la sensación de alegría.

De igual manera, también podemos tomar el ejemplo del estado de ánimo de la cólera. Podrá surgir en el combate, al tener un conflicto con otra persona, con motivo de una pérdida o a causa de un sentimiento de amargura frente al mundo. Por tanto resulta muy difícil afirmar cuál es el verdadero origen de una cólera así porque no se puede decir nada, y sólo la propia cólera es perceptible en el rostro.

Aunque las causas pudieran parecer idénticas, hay que ser

consciente del hecho de que entre ellas existen diferencias tan grandes como las distancias que separan Cielo y Tierra.

Hay que estudiarlo a fondo.

Existen numerosos significados ocultos, y un gran saber a este respecto sólo puede transmitirse oralmente (*okuden*).

32. SABER DIFERENCIAR ENTRE CONOCIMIENTO Y PRINCIPIO

(*Dōri to rikō to shirubeki koto*)

Lo que se denomina Principio es lo permanente. Es la esencia inmutable. Asimilar el Conocimiento es ciertamente interesante, pero este Conocimiento se halla sometido a cambios incesantes. En cambio, el Principio fundamental no es cuantificable, y cuando se lo estudia atentamente, todo se aclara. Es más importante que el Conocimiento. Pero este saber puede, a su vez, perturbar la claridad. Es necesario hablar aquí de esta cuestión en beneficio del lector.

El Principio es parecido a un sonido escuchado por el oído. Aunque haya un obstáculo en su camino, el sonido se propagará de forma inalterada hasta el oído.

El Conocimiento es como un objeto visto por el ojo. Cuando hay una hoja de papel delante del ojo es imposible ver el objeto.

La fuerza del Principio radica en el hecho de que su esencia permanece inalterada incluso si se propaga a través de una distancia de varios *ris*.*

Además, las palabras del Conocimiento cambian de

* Tal como ya se vio en la nota de la pág. 63, un *ri* es una antigua unidad de longitud japonesa equivalente a 3,972 kilómetros. Dicho esto, la indicación aquí ofrecida es esencialmente simbólica, a fin de dar la idea de gran distancia, y el cálculo exacto de su equivalencia no tiene menor importancia.

sentido al cambiar de lugar, de ahí el hecho de que el ser humano deba ser consciente de que el Conocimiento está sometido a cambios incesantes.

En consecuencia, es preciso comprender que el Principio conduce a la auténtica realización, mientras que el Conocimiento es una ilusión. Cuando apacigües tu corazón, las palabras que pronunciarás serán maravillosas.

Cuando los sentimientos surgen y perturban la razón, el Conocimiento es el primero que se confunde, a continuación se perturba el Principio, con lo cual resulta más difícil discernir la esencia de las cosas.

No hay que caer en esa trampa.

33. CONTROLAR EL CORAZÓN Y ACCEDER AL PRINCIPIO
(*Kokoro no osame ri ni ateru koto*)

El *shinobi* controla su corazón cuando no permite que los sentimientos le invadan, cuando desarrolla una energía apropiada y deja de lado los hechos carentes de sentido. Debe animarse a progresar continuamente y, así, crear una base sólida. Quien es impaciente atrae las dificultades en el mundo del espionaje. Quien descuida el cultivo de la mente agotará su corazón al dejarse influir por los sentimientos, aumentando el riesgo de fracaso.

Un corazón sosegado y tranquilo nos hace capaces de descifrar con facilidad rincones, incluso desconocidos, del corazón de los hombres, y así acceder a sus intuiciones. También soportará lo que es difícilmente soportable y destruirá las dudas más clamorosas con la ayuda de pensamientos intensos y una mente vigorosa. Hay que aspirar a un corazón relajado y robusto.

El corazón humano no tiene nada de misterioso. Está dotado de los cinco elementos del universo: madera, fuego, tierra, metal y agua,* que no se revelan más que durante un corto instante. Si hubiera que explicar la existencia del corazón, la razón de su existencia resultaría más difícil de

* Véase Introducción, pág. 24.

hallar. Con la fuerza del propio corazón se pueden calentar las cosas frías y enfriar las calientes sin necesidad de agua, hacer resonar la madera, conseguir extraer el metal del agua y que la Vida salga de la tierra. ¡Es maravillosa la forma en que el corazón se adapta a todo! El fuego, en sí mismo carente de voluntad, se extenderá y quemará dependiendo de las circunstancias. La madera, tanto si es grande como pequeña, echará raíces y se reproducirá en función de las circunstancias medioambientales. El viento abatirá el árbol de madera y arremolinará las hojas en una danza alocada. Cualquier cosa que se interponga en su camino será destruida sin piedad.

Aunque el metal pase por ser una materia dura, cambia de forma cuando lo trabaja el ser humano.

Si no se comprende el principio de los cinco elementos no se podrá hablar ni dominar más que de manera mediocre las técnicas de un *shinobi*.

34. EL LIBRE ARTE DE CONVERSAR
(*Mukei benzetsu*)

Se dice que para un *shinobi* no existe una manera especial ni fija de hablar. La lengua se adapta a las circunstancias y a la época. Se debe, sin duda, abandonar un plan o una idea concebidos con anterioridad. En los momentos críticos o peligrosos es muy importante reaccionar con flexibilidad ante los cambios del enemigo. Cuando el corazón está claro, se puede actuar de una forma que se adapte a las situaciones imprevistas sin reflexionar antes sobre el principio que todo lo engloba.

En un principio se equiparó a los *shinobis* y los *bushis*, pero no con los bandidos o los ladrones nocturnos. Por eso los jefes del clan *shinobi* ya se hicieron un nombre en el pasado, y se confió la dirección de un grupo a aquellos que se mostraron especialmente dotados. En los casos especialmente importantes o peligrosos, los grandes jefes de los clanes se hacían responsables. En aquella época no debían apegarse a su propia vida.

Decía un proverbio: «La vida forma parte de la muerte de la misma manera en que la muerte incluye la vida, y por ello es importante liberarse de la vida y la muerte, comparables a una espada de doble filo».

Una antigua poesía nos enseña:

> Parecido al caparazón de la cigarra,
> el cuerpo deviene una cáscara vacía.

No me asusto más
si ése es también mi destino.

Quien no pueda desapegarse se verá apartado de sus objetivos. Si uno acierta a liberarse pronto y a tiempo, entonces no tendrá nada que temer. Aunque, encolerizado, uno rompa objetos, será posible liberarse y se podrá actuar olvidándose de uno mismo (*muga mushin*).

Entonces será posible examinar claramente lo que se ha llevado a cabo. Una explicación todavía más exacta de ello hará que refuerce de tal manera los principios búdicos que se parecerá a un aspirante a la iluminación. Cuando un *shinobi* reconoce los principios más elevados, puede formar parte de la existencia y la inexistencia, y aceptarlas.

Penetrar en el "Vacío"[38] cuando se nos busca, ser invisible y esforzarse por alcanzar el objetivo olvidándonos de nosotros mismos, son los principios secretos del Ninjutsu.

Para ello sólo es necesario considerar y reconocer su propio destino y su ser.

35. SABER "SOLTAR"
(*Rijutsuhō*)

Es aconsejable no ocuparse de varias cosas a la vez. Cuando las cosas se complican, quiere decir que un *shinobi* no ha podido liberarse por sí mismo, y que se ha liado con sus propios planes. Nuestros sentimientos e intenciones deberían estar en armonía con la esencia de las cosas, para no introducir confusión. De esta manera, los principios elevados estarían claros para cualquiera y nada podría sorprenderle.

Cuando alguien siente unos temores muy desproporcionados ante un enemigo, es incapaz de penetrar sus intenciones. Un experto pondrá a un lado sus impresiones y sentimientos. Cuando escrute el corazón del adversario leerá y descifrará sus intenciones. Un *shinobi* no debe impacientarse en ninguna situación pues, de sucumbir ante tal error, no podrá hacer nada bien. De esta herida nacerán errores en su corazón, que serán como un bosque de árboles espinosos.

Igual que el halcón que danza en el aire espía al pajarillo estremecido de miedo que tiene por debajo, el *shinobi* espía y persigue del mismo modo al adversario con un corazón y un cuerpo decididos. A esta estrategia la denominamos *hichō no kurai*.

Es difícil alcanzar el momento en que el fruto está maduro mientras todavía pende de la rama. Si se actúa con premura, no estará más que medio maduro, y si se es demasiado lento, acabará pudriéndose en el suelo. Es necesario elegir el momento preciso.

Cuando tenemos al adversario delante, sin armas, cara a cara, se puede hablar con él. Así distraído, un *shinobi* puede acercarse y hacer aparecer el *shinmyōken*. Matar a una persona sin espada y envenenarla sin veneno son importantes posibilidades que ofrecen las conversaciones. Cuando el corazón es fuerte se puede caminar sobre el filo de espadas, o correr por colinas heladas. Éstas son técnicas del corazón.

Comprender bien el arte de los *shinobis* gracias a este tratado permite vivir sin enemigos y tener una próspera descendencia.

V. *SHŌNINKI OKUSHO*

No soy una parte del camino cuyo contenido aparece descrito en este tratado.

La gente asocia el concepto de *shinobi* a poderes extraordinarios. Se pretende que los *shinobis* pueden engañar a la gente con facilidad, lo que queda demostrado en el arte de esta escuela.

Conocí a un *shinobi* que nunca quiso ocultarse de mí y que me presentó las artes secretas, y ésa es la razón por la que he querido tomarme la molestia de comprenderlas y conocer exactamente su valor. Para ello hay que ser noble y modesto a la vez. Como yo desconozco esta obra, me resulta difícil concluirla de manera conveniente, aunque me esforzaré en no dejar a la gente en la duda sobre mi ignorancia.

El *Shōninki* contiene los secretos más profundos de esta escuela de Ninjutsu en su forma más pura. El maestro sólo los transmite a un único discípulo, y a nadie más aparte de éste. Sin embargo, en la actualidad a veces se les enseña a algunas personas, siempre que lo demanden con seriedad. A pesar de todo, se requiere prudencia, pues las facultades correspondientes son hipotéticas, y este escrito no debe en ningún caso ser enseñado a nadie sin autorización.

Escrito por Natori Heisaemon durante el tercer año de la era Kanpō, el primer día de la segunda luna, para Watanabe Rokurōsaemon.*

* En 1743. La era Kanpō duró cuatro años, 1741-1744.

NOTAS

1. Aunque Iga era el nombre de una antigua provincia japonesa, Kōga era de hecho una subdivisión administrativa de la antigua provincia de Omi, vecina de Iga, y no una provincia en sí misma (véase mapa pág. 12).

2. Así, dependiendo de las diversas regiones del Japón feudal, se les llamó:
Kyōto/Nara: *suppa* o *seppa, ukami, dakkō, shinobi* o *shinobu.*
Aorimi: *hayamichimono, shinobi* o *shinobu.*
Myagi: *kurohabaki.*
Kanagawa: *kusa, kamari, monomi, rappa, toppa.*
Tōkyō/Edo: *onmitsu, oniwaban.*
Yamanashi: *mitsumono, suppa* o *seppa, sukinami, denuki.*
Aichi: *kyōdan.*
Fukui: *shinobi* o *shinobu.*
Niigata: *nokizaru, kyoudo, kyoudan, kikimonoyaku, kanshi* o *kansha.*
Shiga/Kōga: *senkunin, senku-no-mono, Kōga-no-mono, Kōga Shu, ongyō-no-mono.*
Mie/Iga: *Iga-no-mono, Iga shu, shinobi-no-mono.*
Okayama: *Fūma kainin.*
Yamashiro y Yamato: *suppa, dakkō, ukami* o *ukagami.*
Kai: *suppa, mitsu-no-mono.*
Echigo y Etchū: *nokizaru, kanshi, kikimono-yaku.*
Mutsu/Aomori: *hayamichi-no-mono, shinobi.*
Sagami: *kusa, monomi, rappa.*
Echizen y Wakasa: *shinobi*

3. El doctor. Leung Ting ha escrito una obra (disponible sólo en inglés) bastante interesante sobre las raíces chinas del *ninpō: Skills of the Vagabonds (vol. 1): from Where the Japanese* nitjutsu *originated.*

4. En las traducciones europeas, los términos para designar a estos cinco tipos de espías o agentes secretos varían y acaban siendo: "agentes indígenas" para los "agentes locales"; "agentes interiores" o "del interior" para los "agentes infiltrados"; "agentes inversos" para los "agentes dobles"; "agentes muertos" o "agentes liquidables" para los "agentes sacrificados"; "agentes vivos" o "agentes volantes" para los "agentes reutilizables".

5. Si se desea profundizar en la cuestión general de la estrategia, se complementará la lectura de *El arte de la guerra* de Sun-tzu con la de *Trente-Six Stratagèmes chinois* comentadas por Shi Bo, ed. Quimétao, 2001.

6. Sería necesario revelar y corregir un error persistente en cuanto al significado de este término. En la mayoría de las obras occidentales, el término *yamabushi* se traduce por "guerrero (*bushi*) de las montañas (*yama*)", lo cual sería 山 武 士. ¡Pero eso no significa nada! Para ser exactos, *yamabushi* significa en realidad, "quienes se postran", o "quienes se tienden" en la "montaña". Aunque *yama* (山) significa "montaña", el error clásico a la hora de traducirlo proviene del verbo *fusu* (伏), que significa "postrarse, ocultarse, tenderse". La forma sustantivada de *fusu* es *fushi*, y, situado en segundo lugar después de *yama*, la *f* se convierte en *b*, lo cual efectivamente acaba dando el término *yamabushi*, pero cuyos carácteres son 山 伏.
Para añadir más confusión al asunto, el término *yamabushi* es fonéticamente muy cercano a *yamabōshi* (山 法 師), o *yama-hōshi*, que designa a los monjes guerreros, los "monjes (*hōshi*) de la montaña", que serían monjes budistas del monte Hiei, y en concreto los del templo de Enryaku-ji, en dicho monte. A los monjes guerreros se los solía llamar *hōshi-musha* ("guerreros monjes"), *akusō* ("monjes temibles", "monjes feroces"), o incluso, en los escritos de historiadores del período Edo, *sōhei* ("soldados monjes").

7. Algunos detalles de esta doctrina pudieran parecer ingenuos o ridículos para muchos lectores, pero no nos riamos tan deprisa. Recordemos que en efecto, en la misma época, muchos libros de magia occidentales, como *Le Grand* y *Le Petit Albert*, presentaban a menudo rasgos fisionogmistas similares, a menudo inspirados en tratados de autores grecorromanos más antiguos. La doctrina fisionogmista (y sus derivados, tales como la frenología) no han tenido en ningún lugar

tanto éxito como en la Europa del siglo XIX, con las obras de Johann Kaspar Lavater, *Fragmentos fisiognómicos* (1775-1778), y de Cesare Lombroso, *L'Uomo delinquente* (1875).

8. Esta promesa de ayuda mutua era únicamente válida entre los miembros del clan Kishu-Ryū dispersos por el país. Por lo general, la feroz rivalidad y los contenciosos entre los diversos clanes ninja (y en sentido más amplio entre las diferentes escuelas de artes marciales japonesas) fueron proverbiales.

9. Parece que esta "antorcha", este "testigo", propio de la escuela Kishu no es otra cosa que el *Shōninki*, o al menos enseñanzas orales que hacen referencia a esta obra.

10. Se trata de una alusión a un texto chino clásico, el *Zuo zhuan* o *Chunqiu Zuoshizhuan* (*Comentario del maestro Zuo sobre los Anales de las primaveras y los otoños de Lu*), escrito por Zuo Qiuming. Se presenta bajo la forma de un comentario del *Chunqiu*, la crónica del Estado de Lu (ahora la provincia de Shandong), atribuida a Confucio y que describe los sucesos acaecidos en ese estado entre 722-481 a. de C. Sin embargo, va más allá del simple comentario para describir un período histórico más amplio (hasta 468 a. de C.) que el *Chunqiu*. Traducida al japonés, esta obra toma el nombre de *Saden* o *Shunju Sashiden*.

11. Como se ha visto antes, recordemos que *dakkō* también era el nombre de los ninjas en las provincias de Yamashiro y Yamato.

12. El kanji correspondiente significa precisamente "muerte". Dado el contexto, el término "sacrificio" parece el más apropiado para traducirlo correctamente. Esta técnica que utiliza "agentes sacrificados" forma parte del Ninjutsu con el nombre de *hotarubi-no-jutsu*.
Una variante de esta técnica sería la denominada *tensui-no-jutsu*: cuando se desenmascara a un ninja enemigo no se le detiene, sino que se le proporcionan informes falsos o inútiles, a fin de que confunda a su señor.

13. La posición social media de la mayoría de la gente en el Japón feudal, la profesión más banal, la más "normal", era la de campesino (y todas las relacionadas). Por eso se traduce con tanta frecuencia esta séptima apariencia como "el granjero".

14. En la actualidad, estos disfraces antiguos son, claro está, incompatibles con nuestra sociedad moderna. Eso no implica la carencia de utilidad y eficacia del *henso-jutsu* (técnica de desiluetear): al igual que todas las técnicas ninjas esta técnica de cambio de apariencia es intemporal y nunca desaparecerá. Se adapta a todas las épocas, aunque los detalles y formas que adapte puedan variar a lo largo del tiempo.
    Señalemos que, tanto ayer como hoy, esta clasificación de siete identidades existe para guiar a los ninjas y ofrecerles bases sobre las que improvisar, no para constreñirlos.

15. Tal y como ya se señaló anteriormente, el *kairo* era una especie de recipiente calentador portátil. Por lo general estaba constituido por un cilindro de metal que contenía cantos rodados ardiendo envueltos en un retal de tela o de una vela alimentada por petróleo refinado. El conjunto dispensaba a su portador una calidez muy apreciada en caso de frío, sobre todo para un ninja, que podía utilizarlo para calentarse manos y dedos antes de una operación, evitando así perder su movilidad al entumecerse.
    Pero el *kairo* también tenía otra utilidad: podía convertirse en una fuente de luz, bien para iluminar discretamente, o para hacer señales luminosas nocturnas.
    El *kairo* se extendió por Japón sobre todo alrededor de 1688-1704. Si se le sitúa en el contexto del *Shōninki*, escrito en 1681, habría que comprender que el *kairo* debía ser toda una novedad tecnológica muy rara, conocida por un puñado de personas. Eso explica que este fragmento del *Shōninki* se extienda tanto acerca de cómo fabricarlo, y también demuestra que los ninjas siempre estaban adelantados respecto a su época, "en la cresta de la ola del progreso", y que nunca dudaron en adaptar sus tradiciones y métodos "antiguos" a fin de integrar rápidamente las innovaciones científicas más "modernas", a diferencia de los samuráis, de mentalidad mucho más conservadora, incluso reaccionaria.

16. El hecho de que el autor no ofrezca más que una sencilla lista de estas diez técnicas de caminar, sin extenderse en detalles, es un buen ejemplo que demuestra que el *Shōninki* es, ante todo, un recordatorio que ofrece las grandes líneas maestras y principios del Ninjutsu, mientras que los detalles eran transmitidos oralmente de maestro a discípulo.
    Respecto a estas técnicas de caminar, corresponden más concretamente a:

1) *Nuki-ashi* ("el paso furtivo"): silencioso al levantar los talones hacia arriba de forma "despegante". A esta técnica se la suele comparar al desplazarse de un pulpo. Suele utilizarse sobre todo para andar sobre suelos de madera.
2) *Suri-ashi* ("el paso arrastrado"): andar silencioso con un pasito deslizante.
3) *Shime-ashi* ("el paso apretado"): andar silencioso posando primero el talón.
4) *Tobi-ashi* ("el paso volante"): andar dando un saltito con uno de los dedos del pie.
5) *Kata-ashi* ("el paso único"): saltar utilizando solamente un pie.
6) *Ō-ashi* ("el paso grande"): andar dando grandes zancadas. Se utiliza sobre todo para caminar por hierbas altas.
7) *Ko-ashi* ("el pasito"): andar dando pasos cortos. Este tipo de paso se inspira en los andares de la garza. Se utiliza sobre todo para penetrar en una capa de agua poco profunda.
8) *Kizami-ashi* ("el pasito mínimo"): andar dando pasos únicamente de un paso de longitud.
9) *Wari-ashi* ("el paso rápido"): andar con los pies señalando en direcciones opuestas.
10) *Tsune-no-ashi* o *tsune-ashi* ("el paso normal"): andar normalmente.
Señalemos que también existía un "andar lateral" (*Yoko-aruki*), también llamado "el paso del cangrejo" (*Kani-aruki*), típicamente ninja.

17. En aquella época en el Japón se creía que la mayoría de las enfermedades se debían a diversas criaturitas malvadas que se metían en el cuerpo humano, tal y como testimonia sobre todo la obra médica *Harikikigaki*, escrita en 1568 (la cual describe al menos 63 de estas criaturas patógenas, así como los medios para combatirlas). En lo tocante al dolor de estómago, llamado *ōmushi*, se pensaba que era causado por grandes gusanos.

18. En la era Tokugawa (1602-1868), el gobierno encargó a los miembros del clero japonés que llevasen a cabo tareas administrativas al margen de sus actividades religiosas, registrando por escrito diversas informaciones acerca de las familias y personas dependientes de su templo, un poco de la misma manera en que el clero occidental fue obligado por la realeza a mantener registros parroquiales. Dichos registros constituían unos depósitos fantásticos de informaciones sobre

los habitantes de la región para todo ninja que podía consultarlos tras ofrecer una jarra de vino al sacerdote.

19. El *kitsune* y el *tanuki* son los dos personajes más populares del bestiario fantástico del folclore japonés. El *kitsune* alude al zorro. El *tanuki* designa al perro mapache, que se parece al mapache. Este animal posee la característica de ser el único cánido del mundo que hiberna. Se le confunde a menudo y erróneamente con el tejón y el mapache.
El *tanuki* es un personaje más bien gracioso. Está presente en muchas canciones infantiles, y no es raro que aparezca representado con unos testículos enormes, increíblemente desproporcionados. Borracho y glotón, el folclore le atribuye el poder de tomar forma humana y de cambiar temporalmente las hojas secas en billetes de banco, para así comprar una gran cantidad de sake a un desgraciado comerciante humano, que acaba con hojas secas cuando éstas pierden su apariencia de billetes, mientras que el *tanuki* se emborracha, encantado con la farsa que acaba de representar.
Menos favorable que el *tanuki*, pero no necesariamente malo, el *kitsune* también posee una facultad: metamorfosearse para adoptar apariencia humana. Pero dispone de poderes mágicos mucho más potentes y variados, en consonancia con su edad: el folclore japonés dice que cuanto más mayor se hace el zorro, más se desarrollan sus poderes, mientras que le van saliendo colas suplementarias. ¡Los *kitsunes* más poderosos llegan a tener hasta nueve! El *kitsune* puede tomar posesión de seres humanos o volverles locos, soplar fuego o provocar chispazos frotando sus múltiples colas entre sí, crear ilusiones y curvar el espacio-tiempo.
Además, varios elementos de la tradición ninja hacen alusión a ambos animales. Así, en las denominadas técnicas de "evasión", utilizadas para ocultarse y desaparecer, hay dos que incitan al ninja a imitarlos:
–*Tanuki-gakure-no-jutsu*: trepar a los árboles para ocultarse, en particular abrazándose al tronco, como lo hace el *tanuki*.
–*Kitsune-gakure-no-jutsu*: ocultarse bajo el agua, como hace el zorro para esconderse.
El *Bansenshukai* (vol. 6) también menciona una técnica de la que el ninja pudiera servirse para desplazarse e infiltrarse en las casas enemigas, y que alude a este animal: el "andar del zorro" (*kitsune ashi, kitsuni bashiri* o *kitsune aruki*). Es una técnica en la que se anda rápido y agachado, con el cuerpo encogido para ofrecer un blanco mínimo, desplazándose en zigzag. Para conseguirlo, el ninja caminaba de

puntillas y apoyándose en las yemas de los dedos de las manos (un poco como un esprínter en posición de salida, elevando los "tacos de salida").
Señalemos también que todos los poderes tradicionalmente atribuidos a los "espíritu de zorro" (cambios de apariencia, ilusión e invisibilidad, pirotecnia, etc.) fueron precisamente los que se adjudicaron generalmente a los ninjas. Todo ello incide en el origen del Ninjutsu, místico y cercano a la naturaleza a la vez.

20. El término *bushi* designa a la casta de los guerreros y soldados japoneses en su conjunto (de la que los samuráis forman parte). Arrogándose para sí el derecho de vida y muerte del pueblo, los *bushis* solían ser envidiados, pero no necesariamente apreciados. En tiempos de guerra, también se libraban a ciertos abusos propios de soldados en campaña militar. A los ninjas, que suscitaban cierta desconfianza, no les convenía hacerse pasar por uno de ellos.

21. Es decir de 21:00 a 1:00 de la madrugada y de 3:00 a 5:00 de la madrugada. En el Japón feudal se designaba el tiempo y las direcciones mediante el nombre de los doce animales de la astrología tradicional. La hora japonesa equivalía más o menos a dos de nuestras horas actuales, variando ligeramente su duración según las estaciones. La hora de la rata (*ne*): de 23:00-1:00; la hora del buey (*ushi*): 1:00-3:00; la hora del tigre (*tora*): 3:00-5:00; la hora de la liebre (*u*): 5:00-7:00; la hora del dragón (*tatsu*): 7:00-9:00; la hora de la serpiente (*mi*): 9:00-11:00; la hora del caballo (*uma*): 11:00-13:00; la hora del cordero (*hitsuji*): 13:00-15:00; la hora del mono (*saru*): 15:00-17:00; la hora del gallo (*tori*): 17:00-19:00; la hora del perro (*inu*): 19:00-21:00; la hora del jabalí (*inoshishi*): 21:00-23:00.

22. Este punto indica que el autor del *Shōninki* no escribió solamente un tratado con la perspectiva de enviar ninjas a atacar al enemigo, sino también con vistas a la defensa, previendo que el enemigo también podía echar mano de idéntico tipo de agentes y técnicas. Es una manera de recordar un precepto crucial del "arte de la guerra", que dice que siempre hay que considerar dos puntos de vista: una buena estrategia de ataque sólo es medianamente eficaz si no se posee, simultáneamente, una buena estrategia defensiva.

23. Si las aves acuáticas echan a volar súbitamente, es muy probable que

sea a causa de una presencia extraña y/o por un ruido inusual, que les ha asustado. Por esto se puede sospechar la presencia de un ninja o de un agente enemigo en las inmediaciones.

24. La hora del jabalí (*inu*): 21:00-23:00; la hora de la rata (*ne*): de 23:00-1:00; la hora del tigre (*tora*): 3:00-5:00; la hora de la liebre (*u*): 5:00-7:00; la hora del buey (*ushi*): 1:00-3:00; la hora del gallo (*tori*): 17:00-19:00. Al final, las horas propicias para la infiltración se sitúan, pues, de 17:00-19:00, y de 21:00-7:00.

25. Este pasaje no debe ser tomado al pie de la letra. Sobre todo significa que uno debe sentirse orgulloso de la experiencia personal y hacer caso a las sensaciones interiores cuando se determine el instante propicio. Una intuición llegada del interior del propio ser tiene mucho valor cuando se está en armonía con el entorno, al igual que lo manifestado por la evolución interna de las pupilas del gato, que se modifican de manera natural y continuamente, en función de las condiciones externas. Por otra parte, esta alusión a las pupilas de los felinos, a propósito de las consideraciones acerca del buen momento y las horas recomendadas para pasar a la acción, tal vez signifique algo más que una simple e inocente metáfora. Al no disponer de relojes, los ninjas, siempre muy astutos y finos observadores de la naturaleza, habían depurado una técnica para determinar las horas del día gracias al examen atento de las pupilas de los gatos: *nekome-jutsu*. Suele traducírsela humorísticamente como "la técnica del gato-reloj". En efecto, la luminosidad del día varía a lo largo del recorrido solar, y las pupilas del gato también lo hacen de manera paralela, agrandándose durante la madrugada y la noche para captar el máximo de luz cuando ésta es débil, y estrechándose todo lo posible cuando la luz alcanza su culminación, hacia el mediodía. Por eso los ninjas crearon el siguiente diagrama para leer la hora en los ojos de los gatos: en las primeras horas del día, cuando todavía hay poca luz, la pupila del gato se dilata al máximo, totalmente redonda, en forma de "pelota". Mientras el sol se eleva y con ello va aumentando la luz, la pupila del gato se estrecha al máximo, hasta el mediodía, donde toma la forma de una "aguja". Entre ambos máximos pasa por las fases de "huevo" y de "semilla", estrechándose. Después, a medida que la luz decrece hasta la noche, las pupilas felinas vuelven a agrandarse volviendo a pasar por los estados precedentes, pero en sentido inverso: "semilla", "huevo" y "pelota".

26. Ese pasaje alude a la técnica denominada *yojigakure-jutsu*. Consiste en una maniobra de distracción lanzando una piedrecita o cualquier otro objeto pequeño (preferiblemente metálico, como una moneda o un *shuriken*, por ejemplo) a fin de provocar un ruido en cierta dirección, lo cual distraerá temporalmente la atención de un perseguidor o de un centinela.

27. Según el *Bansenshūkai* (vol. 6), existen diversas técnicas de desplazamiento para infiltrase en las casas enemigas, y entre ellas está "el andar del perro" (*inu bashiri* o *inu aruki*). Es una variante del "andar del zorro", utilizada, al igual que ésta, para desplazarse agachado, para que el cuerpo ofrezca un blanco más pequeño, o porque el lugar por el que debe desplazarse el ninja es de altura reducida. A diferencia del "andar del zorro", en este caso las manos y los pies reposan totalmente en el suelo.

28. Al observar la parte inferior de las cercas para descubrir la existencia de agujeros, el ninja puede saber si debe esperar encontrarse a un perro en la casa en la que pretende entrar. Pero esta costumbre de los perros pudiera igualmente inspirarle la idea de cavar por sí mismo una pequeña depresión a ras de tierra, por la que pudiera deslizarse reptando bajo un muro o una cerca, para infiltrarse discretamente en una casa enemiga.

29. El nombre de estas estrellas (y de las constelaciones asociadas) nos remite al sistema astronómico tradicional chino. El sistema astronómico chino se basaba en el principio de las "mansiones lunares". Es decir, en un ciclo equivalente al mes lunar de 28 días, dividido en cuatro cuadrantes, cada uno de ellos con siete "mansiones":
–Primer cuadrante: "el dragón verde del este".
–Segundo cuadrante: "la tortuga negra del norte".
–Tercer cuadrante: "el tigre blanco del oeste".
–Cuarto cuadrante: "el fénix rojo del sur".
Cada una de estas 28 "mansiones lunares" venía representada por una estrella de referencia fija, que a su vez remitía a una constelación china precisa. Igualmente, cada "mansión" correspondía también a un día del mes lunar, el cual se veía astrológicamente cargado de un buen o mal auspicio respecto a ciertas actividades.
Las estrellas *Ki* (o *Ji-Xiu*, 箕宿; *Mi-boshi* en japonés), pertenecen al primer cuadrante (el dragón verde del este). Aluden a la antigua

constelación china del "Cesto": dotada de cuatro estrellas, corresponde en parte a la actual de Sagitario. Su estrella de referencia corresponde a nuestra estrella *γ Sagittarii*. Esta estrella de referencia también designa el séptimo día del mes lunar, el último del primer cuadrante.
Astrológicamente era un buen día para trabajar la tierra, cavar una extensión de agua, hacer acopio de productos necesarios, reunir dinero o modificar una construcción. Era mal día para las bodas y funerales.
Las estrellas *Heki* (o *Dongbi-Xiu*, 壁 宿; *Namame-boshi* en japonés) pertenecen al segundo cuadrante (la tortuga negra del norte). Designan la antigua constelación china de la "Pared": dotada de dos estrellas, corresponde sobre todo a nuestra constelación de Pegaso (pero también está un poco a caballo de Andrómeda). Su estrella de referencia corresponde a nuestra estrella *γ Pegasi*. También designa el decimocuarto día del mes lunar, el último del segundo cuadrante.
Astrológicamente era un buen día para abrir una tienda, viajar, casarse, confeccionar ropa e iniciar nuevas relaciones.
Las estrellas *Yoku* (o *Yi-Xiu*, 翼 宿; *Tasuki-boshi* en japonés) pertenecen al cuarto cuadrante (el fénix rojo del sur). Designan la antigua constelación china de las "Alas": dotada de 22 estrellas, corresponde principalmente a nuestra constelación de la Copa (con un poco de Hidra). Su estrella de referencia corresponde a nuestra estrella *α Crateris*. También designa el vigésimo séptimo día del mes lunar, el penúltimo del cuarto cuadrante.
Astrológicamente era un buen día para empezar a cosechar, cambiar de cultivos, sembrar; y mal día para casarse.
Las estrellas *Shin* (o *Zhen-Xiu*, 軫 宿; *Mitsukake-boshi* en japonés) pertenecen al cuarto cuadrante (el fénix rojo del sur). Designan la antigua constelación china del "Carro": dotada de cuatro estrellas, corresponde en parte a nuestra constelación del Cuervo. Su estrella de referencia corresponde a nuestra estrella *γ Crateris*. También designa el vigésimo octavo día del mes lunar, el último del cuarto cuadrante.
Astrológicamente era un buen día para las ceremonias religiosas; y un día malo para confeccionar prendas de vestir.

30. La *sageo* es la correa, más o menos larga, que sirve habitualmente para ceñir el sable en la cintura. Cuando se ayudaba del sable en una escalada, el ninja se ataba con firmeza un extremo de la *sageo* a la pierna. Así se aseguraba de no perderlo si éste caía al vacío, y también para recuperarlo tras haberlo insertado en el intersticio de un muro o pared, para reutilizarlo de la misma manera tras subir un poco más;

la escalada se realizaba de este modo por etapas. En el caso en que la pared fuese lo suficientemente baja, un ninja podía también utilizar el sable como estribo, arrimándolo inclinado a la pared, para después apoyarse sobre la guarda (*tsuba*) a fin de saltar mejor. También en esa situación era de vital importancia que el ninja siguiese atado de una u otra forma a su sable mediante la *sageo* si quería recuperarlo tras haberse subido al muro.

31. Nuevo elemento que indica que el *Shōninki* no sólo tenía por objeto enseñar a sus lectores cómo operaban los ninjas para que puedan practicar el espionaje empleando sus técnicas, sino también para que sepan cómo protegerse de ellas y hacerlos frente.

32. No obstante, el ninja no desdeñaba utilizar muñecos o espantajos, no tanto para observar las reacciones por parte de su adversario sino para confundirle acerca del lugar que ocupaba realmente. Esta técnica se denomina *ametori-jutsu*.

33. Este término designa un kanji que se compone de los caracteres *ana* ("agujero") y *ushi* ("vaca") escritos uno sobre el otro. La alusión a la vaca en esta expresión está relacionada con la estrategia "bueyes y caballos", en la que se envía a alguien a asentarse en un país enemigo, para así recibir a ninjas cuando llegue el momento. Al ganarse la confianza de alguien en el interior de una casa, el ninja aplica en cierta manera esta "estrategia del buey" en una propiedad o en cierta familia, gracias a esa persona, que pasa a ser el *ana ushi*.

34. Este pasaje alude a los *metsubishi*, polvos cegadores que los ninjas arrojaban al rostro de los adversarios para crear una distracción y cubrir su huida o conseguir ventaja en un combate. Por lo general, utilizaban un puñado de tierra, de arena, de ceniza o de pimienta. Los ninjas también sabían fabricar y utilizar granadas de humo para desaparecer mejor.

35. Expresión que significa, literalmente, "mil transformaciones y diez mil cambios". Este principio puede relacionarse con el concepto budista de la impermanencia. Tiene por objeto los principios de movimiento y adaptación. Se utiliza en las técnicas de combate diciendo que cuando un practicante ha comprendido el sentido profundo de un movimiento o una llave, es que domina esa técnica, y que entonces

puede hacer *senpenbanka*, es decir, emplearla en todas sus formas y variaciones, adaptándola a toda su situación y extrayendo muchísimas aplicaciones.

36. No olvidar que la palabra "corazón" es simbólica y en este caso traduce el *shin* o *kokoro* japonés. A lo largo del texto, donde aparece la palabra "corazón" hay que comprender dicha palabra en el sentido de "mente", "sentimiento", "alma", y traducir el "estado del corazón" como "estado de ánimo".

37. Expresión que significa, literalmente, "El Cielo-la Tierra-el Ser Humano" (*ten-chi-jin*). El Cielo, la Tierra y el Ser Humano simbolizan la totalidad del universo, producto de la interacción de todos sus elementos entre sí. Es un concepto equivalente al de los "Tres", que son el origen de los "diez mil seres", es decir, la totalidad del universo, en la tradición taoísta china: «Se manifestó una fuente, desconocida y oculta, mucho antes del nacimiento del Cielo y de la Tierra; al no conocer su nombre, yo la llamo Tao. El Tao produjo el Uno, el Uno produjo el Dos, el Dos produjo el Tres, y el Tres produjo los diez mil seres» (Lao-zi). Sin embargo, para algunos comentaristas, esta expresión, en el contexto particular del Ninjutsu, también podría interpretarse como un código abreviado del arte ninja, clasificando sus tres principales formas de acción:
–*Ten*, que designa las condiciones atmosféricas en un sentido amplio, que el ninja deberá saber aprovechar (al igual que saber orientarse gracias a las estrellas y utilizar una noche lluviosa para ocultar una infiltración, por ejemplo).
–*Chi*, que designa la naturaleza, de la que el ninja se sirve para ocultarse y sobrevivir (hallar alimento, por ejemplo), o el entorno en sentido amplio, y por tanto los objetos materiales.
–*Jin*, que designa al ser humano, al elemento humano, de manera que el ninja se funda entre la población para ocultarse, sepa corromper o manipular a un individuo y utilizar todos los recursos de su propio cuerpo y mente.

38. Se trata de la traducción de *kū*, que cuenta con un significado doble. *Kū* significa en un primer sentido el vacío, sinónimo de vacuidad. No obstante, en el pensamiento japonés, en el vacío está todo presente, potencialmente, y todo –objetos y fenómenos– proviene de él. En consecuencia, *kū* también es la esencia fundamental y sutil de todas

las cosas. Como tal, el "Vacío" se considera un elemento separado, al igual que el aire o el fuego, y de hecho está integrado en el *gorin* japonés, como hemos visto. En este caso, también se le podría sustituir en francés por él término *éther* (éter), tal como lo concibió la física antigua y medieval.

AGRADECIMIENTOS

El autor quiere dar las gracias especialmente, por su amable contribución a la presente obra, a Jacques Rollet y Sylvain Jolivalt, de quienes no puede sino recomendar la excelente obra *Esprits et créatures fabuleuses du Japon: rencontres à l'heure du boeuf* (Ed. You Feng), sobre la civilización y el folclore japonés; así como a Kacem Zoughari, que ha tenido la amabilidad de releer nuestra traducción y sus comentarios.

editorial Kairós

Puede recibir información sobre
nuestros libros y colecciones inscribiéndose en:

www.editorialkairos.com
www.editorialkairos.com/newsletter.html
www.letraskairos.com

Numancia, 117-121 • 08029 Barcelona • España
tel. +34 934 949 490 • info@editorialkairos.com